교육강국
그 길에는

Education Essay

교육강국 그 길에늘

엄대용 지음

지금 한국은 경제강국(經濟強國)에서 교육강국(敎育強國)으로 배턴 터치(Baton Touch)해서 동력(動力)에 가속도를 붙여야 할 시점이다. 반만년 역사 이래 민족의 쾌거라 불리는 경제강국(經濟強國)으로의 진입을 우리는 환희와 설렘으로 맞이하였고 세계인의 칭송이 이어지는 가운데 세계 상위권 이내의 경제강국으로 미래를 준비하고 있다.

우리 민족이 이처럼 최단 시일 내에 한강의 기적을 이룰 수 있었던 힘은 민족의 열정과 저력, 그리고 선생님들의 우수한 인재교육의 뒷받침에서 비롯된 것이다. 그러나 머지않아 제4의 산업혁명과 세계적 견제가 소리 소문 없이 밀물처럼 우리 곁에 다가와서 우리를 강하게 옥죌 것이 분명하다.

세계 시장은 시시때때로 약육강식의 불꽃 튀는 경쟁의 연속이다. 먹느냐 먹히느냐의 상황에 유연하게 대처하고 살아남기 위해서는 뛰어난 인재의 역할이 핵심이다. 세계 시장에 내놓아도 손색이 없고 경쟁력 있는 뛰어난 인재는 경제강국과 교육강국이 함께하는 시스템에서 가능하며 더 넓게 더 많이 배출되어야 한다.

지금 세계는 초광역화, 초스피드화, 무역 전쟁의 심화, 정보를 뺏고 지키기 위한 갈등 등 불확실성 사회가 정점을 향해 달리고 있음을 직감하게 된다. 이제 교육의 문을 활짝 열고 세계를 리드하는 인재 그리고 한민족의 살아가는 힘의 원천인 지혜와 슬기를 가진 인재를 집중적으로 양성해서 세계를 향해 분산 배치해야 한다.

　　교육강국 그 길에는 허들경기처럼 장애물이 널려있고 저항이 가로막혀 있으며 난해하고 험난한 길이다. 그것을 유연하게 뛰어넘으려면 선생님, 학생, 학부모, 교육정책당국, 사회단체 등이 발 벗고 나서서 민족의 미래를 위한 아이디어와 지혜의 묶음, 슬기의 다발을 창안해 나가야 한다.

　　교육강국으로 우뚝 서는 나라-교육인 모두의 과제이고 바람이다. 『옐로카드 받는 학교』와 『호학선생의 창』에 이어 새로운 책 『교육강국 그 길에는』을 출간하는 필자의 마음은 교육에 대한 무한한 애정으로 가슴 벅차기도, 미래지향적인 한국교육의 발전에 기대와 설렘이 공존하기도 한다.

　　이 책이 세상에 나오기까지 조언을 아끼지 않은 선생님들과 지인들께 감사드리고 세계적인 교육강국에 작은 밀알이 되길 바라면서 쾌히 출판을 허락해 준 한국학술정보(주)에 고마운 마음을 전한다.

2019 기해년 새봄에
지은이 엄대용

| 차례 |

제2장 - 학교 교육의 문예부흥

제3장 – 선생님의 혜안(慧眼)

제 **1** 장

'World Korean' 선택과 집중교육

산중문답(山中問答)

까만 밤의 고요함이 거룩함을 잉태하고 거룩함이 여명(黎明)과 함께 소리 없이 흔적을 지우고 새로운 날이 침묵과 함께 다가온다.

자명종 소리는 숙면으로 무아지경에 빠진 나를 깨운다. 새벽 등산 채비는 별 것 없이 가방 하나만을 둘러매면 끝이다. 마치 망태를 닮은 배낭을 어깨에 둘러매고 발걸음 가볍게 집을 나선다.

새로운 날의 아침에, 아무도 걷지 않은 길을 혼자 걷노라면 미지의 세계를 개척하는 탐험가라도 된 양 걸음걸음이 의기양양하다.

새벽의 신선한 공기를 가슴 깊이 받아들이며, 아직 잠에서 덜 깨어난 아기 자연들을 내 텔레파시(Telepathy)로 톡톡 건드려 아침이 오고 있음을 알린다.

상쾌한 마음 때문인지 심상 저편에서 옹아리 노래가 흘러나오고 시간을 잊은 듯 걷다 보니 어느새 칠흑 같은 밤을 하얗게 지새운 원미산이 아주 지근거리에서 내 눈앞에 아롱거리며 늘 보내는 환영의 손짓을 살랑인다.

오가는 사람 없는 새벽 거리에 익숙한 벗이 내방(來訪)을 하니 밤새 외로웠던 마음이 위로되어 내게 살가운 인사를 보내는가 보다.

부천은 산수가 수려하며, 인심 좋은 사람들이 오순도순 군락을 형성하고, 사람들끼리 정(情)이 많고 어울림이 뛰어난 고을이다.

아주 오래전에 복사꽃이 우리 마을을 분홍빛 빛깔로 색칠하고 휘감았던 시절이 있었다. 지역적으로 소사하면 복숭아라고 일컬을 만큼 유명하여, 교과서에도 그 내용이 담길 정도로 상징성이 있었고, 그 아름다운 복사꽃은 여린 꽃잎을 날리며 사람들의 마음을 설레게 했었다.

지금은 지역의 발전으로 전설 속에 빛바랜 이야기로 자취를 감춘 지 오래지만, 복사꽃의 그 화려함과 찬란함은 오랜 시간이 흘러간 지금까지도 잊히지 않고 환상적인 기억으로 마음속에 자리하고 있다.

부천의 대표주자인 원미산은 '보물 1호'로 토박이들이 명명했는데, 입 밖에 낸 그 말이 정상을 오르내리는 산우(山友)들과 시장을 오가는 선민(善民)들이 맞장구를 치며 고개를 끄덕여준 덕분으로 그 의미가 있고 기분이 좋다.

얼마 전 심곡천이 복구되면서 도시 내에 천(川)이 흐르고 그 안에서 나무가 자라는 '보물 2호'가 우리들 곁에서 풍선효과로 설렘을 안겨준다.

새벽 산행의 흥분을 다독이며 원미터널 입구를 빠져나오면 문학인들의 행사가 이따금씩 펼쳐지는 문학 동산이 아담하게 자리 잡고 리모델링(Remodeling) 멋 내기 중이어서 원미산의 품위를 더해준다.

나는 문학 동산의 갈림길에서 산행의 방향을 두고 잠시 망설인다. 그것은 갈림길에서, 어느 방향으로 갈 것인가 순간적으로 혼선이 오기 때문이다. 망설임도 잠시 갈색의 인공 목재 계단을 박자에 맞춰 오르기 시작한다.

원미산을 우측에 두고 오솔길을 따라 원미공원으로 발길을 재촉하지만 속도감이 예전보다 떨어짐은 나이 탓이리라.

원미산은 내가 초등학교 시절만 해도 심곡동 '소사 남 초등학교'에서 원미산까지 소풍을 가면 까까머리에 크지 않은 나무들로만 작은 숲을 이루었는데, 어느새 아늑한 큰 숲을 이루어 나를 품어주는 듯한 정경이 대견하게 느껴진다.

인근에는 자웅을 겨루는 춘덕산, 도당산, 성주산과 멀리는 소래산, 계양산이 우리들의 산소 공급원으로, 건강지킴이로 자리매김하고 있어 청량감이 넘치고 듬직하기만 하다.

원미 도서관이 있는 공원으로 진입하면, 우측에 어린이 교통나라가 있고, 정면 명당 터에는 현충탑이 그 위용을 자랑하며 눈길을 사로잡는다.

현충탑 탑신은 무게감이 있고 석공의 세공 기술 또한 큰 빛을 발한다. 계단아래에서 하늘을 향해 올려다보면 묵직하고 균형 있는 탑신이 선인들의 쉼터가 되고, 그 어르신들의 손짓에 저절로 머리가 숙여진다.

 나는 경사가 급한 계단을 하나, 둘, 셋, 넷 소리를 내며 힘차게 오른다.
 위국, 호국, 보국을 위해 젊은 몸을 불사른 선인들의 충절은 그 당시 전시 상황으로 나를 옮겨 산중문답을 계속한다.
 선인들의 메시지를 읽고 답하는 것이 쉽지는 않다.

 백여 계단이 조금 안 되는 급경사를 오르며, 한 걸음, 한 걸음, 발길을 옮길 때마다 만감이 교차하면서, 선인들의 뜨거운 위국충정을 내 빈 가슴에 가득 채워 넣는다.
 현충탑 탑신 제단 앞에서 두 손을 모아 선인들의 위국충정에 고마움과 감사함, 자랑스러움에 큰 절을 올리면, 뜨겁게 용솟음치는 기(氣)가 내 몸 안으로 파고 들어와 새 아침의 용기를 북돋운다.

 현충탑 오른쪽 하단에 새겨진, 작가미상의 나라사랑하는 마음이 절절한 글을 읽으며 시린 가슴을 억누를 수 없다.
 나지막한 소리로 독송(讀誦)하면서 선인의 큰 뜻을 재삼 가슴에 색인한다.

 "하늘 빛 내 조국 위해
  가슴 시린 노래 부르다
  한 줌 흙으로 묻히시니
  해마다 진달래꽃 피어나
  복사 골 붉게 물들이고

못 다 이룬 꿈
큰 강물 되어
겨레의 가슴을 적신다.
님 이시어!
어둠의 장벽 무너졌듯
허리 동여맨 철조망
화해의 입김으로 녹이는
그날 오리니
성주산 흐르는 물 되어
원미산 흐드러진 꽃 되어
벅차게 끌어안는 그날
새로운 불꽃으로 다시 피어나
찬란히 이 땅을 비추소서.”

참배 후 반대 방향의 벤치에 털썩 주저앉아 눈앞에 선명하게 보이는 초고층 마천루 ‘리첸시아’를 바라보면서 선인들과의 산중문답은 끝없이 펼쳐진다.

선인들의 메시지가 창공을 날아 내게 전해지면, 알 수 없는 환희에 몰입된 나는 걷잡을 수 없이 흔들리고 있음을 발견한다. 그리고 나는 벌떡 일어나 이백의 산중문답 시(詩) 한 수를 읊어본다.

“問余何事棲碧山(문여하사서벽산)
문노니 그대는 왜 푸른 산에 사는가?
笑而不答心自閑(소이부답심자한)
웃을 뿐 답은 않고 마음이 한가롭네.
桃花流水杳然去(도화유수묘연거)
복사꽃 띄워 물은 아득히 흘러가나니

別有天地非人間(별유천지비인간)
별천지 일세 인간 세상 아니네.”

현충탑을 뒤로하고 진달래 동산으로 향하는 발걸음이 더욱 가뿐하다.

현충탑 좌측의 쪽문을 빠져나와 언덕을 오르면, 봄의 전령이라고 부르는 원미산 진달래꽃 동산이 눈앞에 펼쳐진다.

김소월의 '진달래꽃' 시작(詩作)의 배경이 된, 북한 땅 영변을 연상하면서, 민족의 영원한 사랑을 듬뿍 받는 소월 생각에 푹 빠져든다.

원미산 동산에 분홍빛 진달래가 필 무렵이면, 수도권 인근의 꽃구경꾼들이 구름처럼 밀려와서 진달래 잔치를 벌인다.

그 정경은 가히 장관이며, 인산인해 속에서 소월을 추모하는 문화 행사가 열리고, 가족이나 친척, 친구들이 삼삼오오 모여 지난 이야기의 꽃을 피우기도, 꽃의 아름다움에 심취하기도 하며 서로 간의 우의를 돈독히 한다.

진달래 동산을 구경 나온 사람들의 속마음은 알 수 없지만, 소월의 수많은 시작(詩作) 활동에 관심을 가지고 그의 업적을 기리는 소월의 동상이나 박물관 건립에 대한 의견을 사람들은 가지고 있을까 하는 의구심이 들면서 마음이 무거워짐을 느꼈다.

그러나 소월의 업적을 기리는 자료관이나, 박물관의 필요성에 대해, 마음에 깊이 새겨 놓으면 언젠가는 현실로 나타날 가능성은 늘 있기 때문에, 허전하고 아쉬움이 큰 마음을 접기로 하니 마음이 한

결 가벼워지고 뿌듯함으로 든든하기만 하다.

시냇물에 억겁을 두고 씻기고 다듬어진 돌에는, 소월의 시(詩) '진 달래꽃'이 각인되어 오고가는 사람들의 눈길을 사로잡는다.

> "나 보기가 역겨워 가실 때에는 말없이 고이 보내 드리우리다.
> 영변(寧邊)에 약산(藥山) 진달래꽃 아름 따다 가실 길에 뿌리우리다.
> 가시는 걸음 걸음 놓인 그 꽃을 사뿐히 즈려 밟고 가시옵소서.
> 나 보기가 역겨워 가실 때에는 죽어도 아니 눈물 흘리우리다."

'소월 김정식' 그가 생존해 있다면, 노벨 문학상 으뜸후보로 거론 되지 않을까 자문자답해 본다.

내일의 만남을 기약하며, 새벽 산행을 끝내고 산을 내려오니, 어 느새 날은 밝아 오가는 사람들이 거리에 꽤나 있다. 하루를 여는 사 람들의 발걸음이 힘차고, 거침이 없어 정체되어 있던 거리에 활력이 넘친다.

오랜만에 선인들의 업적을 기리며, 산중문답을 하고 나니, 그들의 큰 뜻이 가슴에 전해진 듯 마음이 벅차오른다.

나에게 태어나면서 이름표를 달아주고 세상 구경을 할 수 있도록 기회를 준 부모님 은혜가 하늘보다 높고 바다보다 깊다면, 나라 또 한 그에 못지않게 우리가 발붙이면서 숨 쉬고, 의·식·주를 제공하 고, 꿈을 일구는 터전이 된다.

나라 없는 슬픔을 겪어보았기에 조국에 대한 애착이 샘솟는가 보다.

나라의 리더 즉 지도자가 똑똑하고 지혜롭고 미래를 내다보는 혜안을 가진 지도자라면, 민족의 중흥과 발전은 수월하고 활기차게 앞으로 전진할 수 있다. 그렇지 않고 뭐가 뭔지 모르고 떠밀려서 자리에 오른 사람은, 나라 발전의 지혜를 찾지 못하고 동분서주(東奔西走)만 하다가 기회를 놓치는 우(愚)를 범하게 된다.

전제 군주시대의 백성들은 농자천하지대본(農者天下之大本)이라고 농업이 주된 사회에서 하늘만 쳐다보고 살 수밖에 없는 딱한 노릇이었음이 가슴 아프다.

우리는 눈을 부릅뜨고 나라지킴이 역할을 빈틈없이 견지해 나가야 한다. 그것은 우리의 의무이면서 이 땅을 살아가는 사람들의 무거운 책임이기도 하다.

당연함을 해태(懈怠)하거나 잊는다면 역사의 크나큰 죄인으로 남는다는 모욕이 있을 뿐이다.

경술국치(庚戌國恥)의 당사자 역할을 한 사람들과 그 후손들을 향해 돌팔매질을 한 것을 생각하면 소름과 함께 경악을 금할 수 없지 않는가.

하늘빛 조국을 위해 따뜻하고, 가슴 시린 이야기를 후손에게 이어주며, 우리는 교육강국, 경제강국으로 우뚝 서고 그리로 달음박질해야 한다. 그것은 선생님의 뚝심과 혜안(慧眼)으로 가능하다.

꿈 그리고 Seed

나는 밤마다 꿈을 꾸지 않는 날이 드물 정도로 빈번하게 꿈속을 유영한다. 그 꿈속에서 나는 주연과 조연 역할을 번갈아 가며, 때로는 엉뚱하게 놀이터의 주인이 되기도 한다. 그곳에서 찍힌 꿈 비디오는 인화했을 때 빛이 들어간 영상처럼 선명하지 않고 희미하지만 스토리는 진행형이다.

인간은 영·유아기에서 노년기까지 살아있는 한 생애 내내 꿈을 꾸며 꿈에서 해방될 수는 없다. 꿈과 함께하고 꿈을 즐기고 있는 것이다.

꿈은 어떤 길흉을 의미하기보다는 수면 상태에서 일어나는 기기묘묘한 사건의 진행 과정이라고 정의를 내려 본다.

꿈의 내용을 파고 들어가도 제각각 의미를 지닐 뿐 명쾌한 해답을 얻을 수는 없다. 때로는 해괴망측한 꿈으로, 기분이 개운치 않은 나날을 보내고, 때로는 기분을 업 시키는 꿈을 꾸어 마음이 맑아지고 기대감에 부풀게도 한다.

꿈의 해몽을 좋게 해석하여 복권을 사보라는 메시지로 판단해서 여러 장의 복권을 구입해보면 대부분은 꽝인 것이 부지기수이다.

꿈에서는 저 혼자 멋들어지게 추는 춤판의 연속 상황이 벌어지는 것이다.

꿈의 해몽을 두고도 사람마다 희·로·애·락이 교차하고, 길몽인지 흉몽인지도 헷갈리는 것은 인간의 한계이다.

꿈의 소재는 과거, 현재, 미래를 가리지 않고 다양하게 나타난다.

꿈은 쉽게 기억에서 지워지기도 하지만, 선명성이나 불투명성에 관계없이 뇌리에서 오랫동안 여운으로 남기도 한다.

꿈은 무의식의 세계로 저장되기도 하고, 의식으로 전환되어 부활의 과정을 밟기도 한다. 이는 돈키호테가 동에 번쩍, 서에 번쩍 출몰하여 호신술을 뽐내는 것과 유사하다고 볼 수 있다.

꿈은 뇌의 작용과 반작용의 밀고, 당기는 힘겨루기 과정에서 우리를 시험할 수도 있고, 꿈의 분석은 파고들어 가면 갈수록 그 오묘함은 신의 영역이기에 숙제로 남겨야 편안하다.

프로이트는 '정신분석학 입문'에서 꿈 해석의 전제와 기법, 꿈의 잠재의식, 꿈의 상징성, 꿈의 실례와 분석 등 꿈의 신비를 과학적으로 입증하려는 노력을 기울였다.

그 책의 내용도 재미있지만 우리가 관심 있게 읽고, 또 읽고 음미하면, 꿈 세계의 단맛이 입안에 가득하여 군침이 넘어간다.

꿈은 미래의 자아실현을 위한 계획과 밀접한 연관성을 가지기도 한다.

미래가 막연한 것은 학생들이나, 부모나, 사회나, 국가를 위해서도 바람직하지 않으며 불행한 일이다. 따라서 미래는 구체적이고, 체계적이고, 실현 가능한 것으로 설정되어야만 그 의미를 더한다.

이루기 힘든 꿈이라고 할지라도 마음에서 되뇌고, 그 방향으로 자기를 유도할 때, 뚜렷하고 명료한 실현 계획이 세워질 수 있음은 분명한 사실이다.

꿈과 함께 우리 몸에는, 그 어딘가에 Seed(씨앗, 씨, 종자)라는 녀석이 생겼다가 없어지고, 없어졌다 생겨나서 자라나고 있음을 느끼게 된다.

나는 평생을 학교에 근무하면서 나름대로 엉뚱한 사례와 오묘한 경험을 자주 겪었다.

그것은 내 몸 어딘가에 알 수 없는 미세한 Seed가 싹트고 말라 없어지기를 거듭했음을 기억한다.

Seed는 실체는 없지만, 시시때때로 태동하고, 성장하고, 화려한 미래의 부활을 꿈꾸기도 한다. 그것은 가짓수를 헤아릴 수 없는 부지기수의 그럴듯한 떡잎을 펼치며 자라다가 사그라들기를 반복한다.

Seed는 성장을 거듭하면서도, 내게 대화를 제안하거나, 자기의 얘기를 하지 않고, 적당한 기회를 엿보면서 인내를 감내하기도 한다.

또한 언제, 어디서, 어떤 모습으로 자기의 실체를 드러낼지 모르는 가변성을 지니고 있다. 그런데 그런 현상은 부정적이기보다는 긍정적으로 나에게 작용하는 것으로 영감이 잡힌다.

나는 Seed의 태동, 성장, 소멸과정을 거듭 겪으면서 미성숙의 유아들과 커가는 청소년들 그리고 생애 절정기를 맞은 청년들에게 Seed가 발현되어, 무럭무럭 자랄 수 있도록 마음가짐을 다듬어나가야 한다고 강조하고 싶다.

내 몸에서 오늘 내일을 가리지 않고 나타나고 사라지는 생명력의 Seed는, 골리앗보다도 더 큰 힘의 원천이 되고 화려한 나래를 펼 수 있는 가능성을 보여준다.

누구에게나 Seed는, 원대한 미래를 내다보면서 대기 상태로 소멸, 생성을 거듭하지만, 때가 되면, 달님이 초승달부터 시작해서 보름달이 되면 세상을 아름답고 낭만적으로 비추듯, 벅찬 환희를 맛볼 수 있게 기회를 제공하리라 확신한다.

꿈과 Seed는 인간에게 필수요소이다. 학생들을 강하게 또는 혹독하게 키우는 것은, 삶의 과정이 어렵고 척박한 환경에 처했을 때에도 박차고 이겨낼 수 있는 힘을 비축해 두어야 한다는 데 근거한다.

청년들의 군 훈련소 생활은 그 이전 생활과는 전혀 딴판으로 전개된다.

엄한 규율과 절도, 공동체 생활의 규범, 개인 자유의 유보, 적과 맞닥뜨렸을 때에 살아남기 위한 지혜와 전략, 제식훈련과 사격, 전술과 무력침투 등 헤아릴 수 없이 많은 과목과 마주한다.

또한 군에서의 의·식·주 생활 등은 지금까지와는 다른 모델을 제시하고, 이에 따를 것을 강요하고 순응하기를 요구한다.

더군다나 고난이도 전술 훈련의 고됨과 공포심을 슬기롭게 극복하고 종료했을 때의 그 환희를 군 생활에서 잊을 수가 없다.

그들이 맞닥뜨리는 열악함과 부족함, 극한 상황과 위기돌파, 몸부림과 공포감, 명령체계 복종, 남자의 기개 등을 모두 슬기롭게 대처하고 과감하게 이겨내야만 한다.

꿈과 Seed는 군대라는 척박한 환경 속에서도, 나를 지키고, 키우는 무언의 힘을 제공해 준 것이 자랑스럽다.

지금부터 10년 전에 감기가 악화되어 '인후농염'이라는 고약한 병이 나를 죽음으로 몰고 갔는데, 입원 한 달 동안 내내 죽음과 관련된 꿈이 계속 이어졌다.

그러나 고통과 절망 속에서도 내 몸 어딘가에서 끈질긴 생명력의 Seed가 자라나서, 그 악몽과 끊임없는 전투를 해 Seed가 그 질병과 악몽을 제압해서 건강한 모습으로 퇴원한 것이 생각난다.

꿈과 Seed는 따로 떨어져 있지 않고 밀접한 연관성을 가진다.

어쩌면 수면상태에서 일어나는 사건의 시작과 전개, 결말은 허무맹랑하고 일회성을 가진다고 볼 수도 있다.

그러나 학생들의 몸 어느 곳에선가 일어나는 Seed는 태동부터 진행되는 과정이 구체성을 띠므로 무시하고 함부로 예단하는 것은 위험하다.

그것은 바다의 밀물과 썰물이 밀고, 당기는 과정에서 바다의 생물들을 살찌게 하는 묘약이 되고, 고운 모래밭 해수욕장을 만들어서 바다를 찾는 사람들을 즐겁게 하고, 바다의 안전을 지켜주는 파수꾼이 되는 것과 유사하다.

옛날의 학생들은 꿈과 Seed가 단순하고 제한적이었는데, 요즈음은 직업의 종류도 끊임없이 분화되고, 자아실현의 역할을 제대로 할 수 있도록 직업의 귀천이 사라져가는 추세이다.

경제가 체계화 과정을 밟으면서 획기적으로 발전하고, 사회 규모가 제한된 카테고리를 깨부수고 확장되어가기 때문이리라.
그리고 문화 수준이 그 영역을 팽창시키고, 인간이 물질의 지배에서 벗어나 인간 중심의 국가로 나아가기 때문일 것이라고 조심스럽게 말하고 싶다.

꿈과 Seed는 우리와 가까운 친구이어야 하고 타오르는 불꽃처럼 생동감이 넘쳐야 한다.

민족의 미래는 교육의 책임

세계는 다민족, 다국가로 분할되어 있고 헤게모니를 차지하기 위해 끊임없는 이전투구가 계속되고 멈출 줄 모르는 상황이다.

지금까지의 역사가 그러했고, 앞으로 전개될 미래도 지금의 패턴에서 크게 벗어나리라는 기대를 갖기는 어렵다.

우리 민족의 미래도 불확실성은 늘 상존하지만 그렇다고 방관자 입장에 서거나 굴러가는 대로 내버려 둘 수는 없는 노릇이다.

나는 한민족의 오랜 역사를 꿰뚫어 보거나 지혜를 가진 역사학자도 아니고, 과거 현재 미래를 귀신같이 맞춘다는 점술가나 예언자도 아니다. 또한 학문적 바탕 위에서 미래를 과학적으로 접근하는 미래학자도 아니다.

역사학자는 지나간 과거의 인간 활동을 조사 연구하고 평가 검증하는 과정을 통해 역사적 진실을 규명한다.

점술가도 민족의 생활, 문화, 풍속, 자연환경을 연구하여 그들만의 마법으로 길흉화복을 살피고 미래를 예언한다.

　미래학자는 인간의 존재에 대해 사회과학, 자연과학, 기타 학문 간의 얽히고설킨 관계를 연구한다. 여기서 얻어진 정보로 미래 사회를 예견하고 앞날의 대응방법을 조언한다.

　나는 이 범주에 들지 않으며 그런 능력이 있었으면 하는 바람도 없다.

　학생들을 가르치고 동고동락하면서, 민족의 미래가 이랬으면 좋겠다는 생각이, 나를 지배하고 닦달하게 만들었다. 그것은 주관적이고, 독단적이며, 단편적이지만, 담임교사 시절 학급 훈화를 통해, 그리고 만 11년 동안의 교장 시절 학생 조회를 통해 목이 터져라 톤을 높이고 강조한 진솔한 이야기들이다.

　사실 한솥밥을 먹으며 동고동락했던 선생님들이나 가까운 지인들과 민족의 미래에 대해 이러쿵저러쿵 예측하고 논하는 것은 조소의 대상이 될 수 있는 행위이기도 하다.

　자칫하면 누를 끼칠 수도 있고 오류를 범할 가능성이 커서 매우 조심스러운 문제이다.

　그리고 민족의 미래는 여러 가지 변수가 복잡하게 얽히면서 상호 작용하기 때문에, 무 자르듯이 이럴 것이다, 저럴 것이다 하고 단정하기는 어렵고, 또한 예측하는 자체가 소아병적인 어린 아이의 위험한 소꿉장난이 될 수도 있는 일이다.

　그러나 지나간 과거의 궤적을 살피고, 분석하면서 현재 전개되는 상황을 대입시켜보면, 미래가 불확실하지만 이러한 방향으로 움직일 것이라고 조심스런 전망은 할 수 있다고 생각한다.

명백한 것은 민족의 미래는, 국민의 미래, 그리고 학생들의 미래와 밀접한 관련을 갖는다는 것이다.

선생님은 학생들의 미래 설정에 대해 높은 관심을 가지면서 그들의 생각이 커가는 과정을 지켜보게 된다.

학생들의 미래는, 자기 스스로 정보를 수집하고, 분석하고, 판단하게 하는 것이 중요하다. 이래라 저래라 간섭하면 거부 반응이 나타나고 바람에 이리저리 쏠리는 갈대와 같이 흔들리게 된다.

자신의 미래를 구체화하고, 지속적으로 노력하고 집중하면, 힘을 발휘하게 되고 탄력을 받게 된다.

어린 시절부터 누구나 꿈을 꾸어온 것이 있고, 그 꿈은 소망과 희망이 되고 구체적인 목표 설정으로 발전한다.

선생님은 학생들의 곁에서 조언자 역할을 하고, 힘을 불어넣는 뒷바라지의 역군이 되어야 한다.

부모님도, 선생님과 같은 생각에서 자녀의 자라나는 모습을 지켜보면서, 학생 하나하나의 미래 설정은 나라의 미래와 밀접한 관련을 가짐을 강조해야 한다.

따라서 부모와 선생님과 학교의 역할은, 미래를 꿰뚫어 보는 지혜가 필요하다는 것이다. 그것은 마치 우리가 마시는 물이 뜨겁거나, 차갑거나, 분명해야지, 뜨뜻미지근하면 싱겁기 짝이 없고 아무런 맛을 느낄 수 없는 이치와 같다고 할 수 있다.

학생들의 미래상에 조언자 역할을 명확하게 하여 바른 방향 설정에 도움을 주어 학생들이 그 목표를 향해 정진할 수가 있도록 하여야 한다는 것이다.

학생들의 미래는 내가 살아갈 집(미래, 직업)을 마련해서 그 집에서 의·식·주를 해결하고, 결혼해서 아이를 낳고 기르며, 나라의 구성원으로서의 역할을 수행할 때 자아실현이 달성된다.

우리가 교육시키고 있는 어린이 집이나, 유치원, 초·중·고등학교, 대학교, 대학원생은 이 나라를 앞에서 끌고, 뒤에서 밀며 세계 속의 한국으로 자리매김할 동량들이다.

나라의 안보가 튼튼하려면 현역의 전력이 절대적이지만, 현역을 뒷받침할 예비역은 무시하지 못할 집단의 힘을 보유하고 있고, 그들을 유효적절하게 전시에 대비하여 교육시키면 국방력은 수십 배의 파워를 보유하게 되고 적의 간담을 서늘하게 할 수도 있다.

자라나는 아이들에게 최적의 교육 환경을 만들어 주고, 거기서 생기는 엄청난 에너지는 지금 사용을 하지 않더라도 미래에 소중하게 써먹어야 할 귀중한 자원이다.

우리는 그들에게 좌절을 맛보게 해서는 안 된다. 그들이 어깨를 펴고 경쟁의 시장에서 승리할 수 있는 기반을 만들어 주어야 한다.

그들은 자라나는 세대이고, 미성숙 과정에 있기 때문에 잘못할 수도 있고, 시행착오도 겪을 수 있으며, 완벽한 일 처리 능력을 기대하는 것이 무리일 수 있다는 것을 알아야 한다.

그들의 잘못을 고쳐 바로 잡아주고 수정해서 바르게 앞으로 나아 갈 수 있도록 사랑으로 이끌어야 한다. 처음부터 그들에게 많은 것을 기대하고 무거운 짐을 지워서는 곧 지치고 힘들게 되어 정진을 포기할 수도 있다.

교육의 과정에 있는 학생들은 민족의 미래를 책임질 인적 자원이다. 그들이 학교생활을 어영부영하게 방치하는 것은, 민족의 미래가 안개 속으로 빨려 들어가는 것이므로 긴장의 끈을 놓지 말아야 한다.

그들이 어떤 목표를 향해 진군할 때에는 앞에서 끌어주고, 뒤에서 밀며, 마음으로 조언하고 힘을 실어주어야 한다.

한국인은 도전 정신이 뛰어나고 성실성이 돋보여서 민족중흥의 기적을 낳았고 그 명성을 세계에 떨치고 있다.

우리는 일본인을 비하해서 쪽발이라고 부르지만, 그들만의 노하우는 대단한 저력으로 무장되어 있다.

세계인들이 미처 생각하지 못했던 상품의 경박단소(輕薄短小)를 창안해서 세계 시장을 매료시킨 일본인이다.

일본인은 자기들이 창안해서 만든 상품이나 그들의 혼을 집어넣어 개발한 아이템에 대한 자부심이 대단하고 그들의 것을 선호한다.

한국인도 일본에 뒤지지 않는 두뇌와 집중력, 추진력이 넘치는 우수한 민족이다. 그런데 우리는 우리 것을 우습게 생각하거나, 소중하게 여기지 않는 것 같다. 남이 만든 것을 더 높이 평가하고 환상에 사로잡혀 남의 것에 더 매달리는 경향이 있다.

외국인은 새로운 상품을 만들면, 한국 시장에서 먼저 판매실험을 해서 그 반응을 중시한다는 우스개 아닌 소리를 하는 것이 실제 상황이다.

외국 상품이라면 사족을 못 쓸 정도로 **빠져드는** 한국인이라고, 그들은 평하고 있는 것이다. 얼마나 부끄러운 일인가를 생각해 볼 필요가 있다.

최근에는 생활에서 허례허식이 많이 없어지기는 했지만 아직도 우리 생활 곳곳의 모습은 실용주의와는 거리를 두고 사회가 움직이고 있다. 이제는 악순환의 고리를 끊어버리고 정직과 성실이 통하는 첨단 선진국의 진입을 시도해야 할 때다.

한국인은 무에서 유를 창조하는 위대한 민족이다.

조상이 물려준 좁은 땅에서 인내와 성실 하나만으로 세계인이 부러워하는 이 만큼의 부를 창조했다는 것은 세계인들 모두가 경탄하고 있다.

역사는 우리에게 좋은 나침반 역할을 한다. 우리 민족의 힘이 강하게 솟구치면 타민족이 우리를 얕잡아 보거나 우습게 생각하지 않는다.

부와 힘을 축적한 민족을 함부로 대하지 않는 것은 혹시나 불이익을 당하지 않을까 노심초사하기 때문이다.

반대로 민족의 힘이 약하면, 자기들이 가지고 놀아도 된다는 생각을 하게 되어 어처구니없는 경우를 당하게 되고, 자기들 입맛대로 휘둘러도 저항하지 못할 것이라고 착각하게 된다.

약육강식의 논리가 작용하는 것이다. 국력이 약하면 나라가 바로 서지 못하고, 자기 것을 지키지 못하는 어리석은 백성은 설움을 받을 수밖에 없다.

민족의 자존심과 자긍심을 길러야 하는 연유도 여기에 있다.

민족의 힘은 국방력과 직결되기도 하지만, 경제적인 힘과 교육적인 힘을 기르는 것 또한 매우 중요한 일이다. 미국이 'American First'를 소리높이 외치면서 국부가 새어나가는 것을 틀어막고 있다. 미국을 목죄고 있는 다국적 국가의 위협에 정면 대응하고 있음에 우리도 'Korea First'의 깃발을 가슴에 담고 'World Korean'의 교육강국을 향해 나아가야 한다.

지구촌 가족

세계가 하나의 지붕 아래서 마치 통일 국가를 탄생시킨 것처럼, 세계화의 진행은 말릴 수도, 거스를 수도 없는 이슈가 되어가고 있다.

그동안 한국과는 멀리 떨어져 있어서 밀접한 유대관계가 형성되지 않았던 아프리카의 소국도 이제는 남남이 아니다.

그들은 지구촌 가족이라는 울타리 안으로 들어와 가까이서 호흡하고 교류하며 생사를 같이하고 있다.

언제부터인지 헤아리기 어렵지만 그들의 문제가 우리의 문제로 부상하고 우리의 문제가 그들의 관심사로 클로즈업되는 신기함이 연출되고 있다.

세계의 불특정 지역에서 발생하는 사건들이 시시각각 우리들에게 전달되면서, 인류가 해결해야 할 난제들도 눈과 귀와 입을 피할 수 없게 만들고 있다.

그 예로 인류 멸망의 Key를 쥐고 있는 핵 위협, 종교 간의 첨예한 대립, 환경파괴로 인한 기후 변화, 자유 무역과 보호 무역의 분쟁, 빈국과 부국의 격차, 이념의 끝없는 논쟁, 사회 계층 간 갈등, 약소국에 대한 강대국의 횡포, 교육의 질과 양의 문제 등등, 이 밖에도 숱한 문제들이 얽히고설켜서 지구촌 가족들을 긴장시키고 있다.

그런 와중에도 세계는 골치 아픈 문제를 덮어둔 채 문화는 섞이고 비벼져서 새로운 형태를 띤다. 이렇게 섞여진 문화는 타민족에게 전이되어 민족의 가슴팍을 파고들어 흔들고 어지럽히고 혼란함을 파생시킨다.

이제 세계 문화의 대중화는, 막을 수도 거부할 수 없고, 좋거나 싫거나 수용해서 새로운 모멘텀(Momentum)의 계기가 되고 있다.

지금은 세계가 서로 맞물려서 톱니바퀴 돌아가듯 하나가 되어 같이 굴러가고 있다. 어떤 사건이나 정보의 공유도 시차 없이 동시에 주고받는 놀라움을 만끽하고 있다.

산업의 쌀이라고 일컬어지는 반도체를 상용화시킨 것은 한국인이고, 오늘의 놀라운 변화를 있게 한 것도 반도체의 결합이 가져온 IT 기술이 일등 공신이다.

세계인을 놀라게 만든 한국인임에도 우리는 그 기쁨을 서로 나누면서 '솔베이지의 축배'의 노래를 부르지 못했다. 좌우가 편을 갈라서 서로의 이론이 합당하다고 쌈박질에 여념이 없었다.

좌와 우는 물과 기름인 양 서로 거부하고 화합하는 것을 용인하지 않는다. 세상사에 좋은 것은 취하고 나쁜 것은 버리면 되는 것이지 이론이 뭐 그리 중요하다고 허구한 날 국민을 불안하게 하고 어느

한 쪽으로 몰아가는지 우스꽝스럽기만 하다.

중국인들이 정치적으로는, 사회주의를 지켜 나가면서 경제적으로는, 자본주의를 과감하게 도입하여 번영의 대국을 이끌어 가는 것을 보면 이율배반적이지만, 어떤 것을 취하든지 간에, 배부르고 잘 살면 된다는 실용주의 모션(Motion)이 더 낫다고 그들은 깨달은 것이다.

문명은 원래 섞이면서 시너지효과를 내게 되어있다. 자기들이 만든 문명이 최고일 것이라고 우기는 것은 마치 우물 안 개구리의 우화에서도 그 어리석음을 짐작할 수 있다.

서구는 18세기 중엽에 산업혁명을 겪으면서, 지금까지의 고루하고 편협했던 생각들을 말끔히 세탁하고 새 시대에 맞는 기준과 가치로 무장하여 물질적 부유함과 문화적 번영을 창조하였다.

중국을 비롯한 동양은, 전통적 가치관에 얽매어 한 발짝도 전진하지 못하고 다람쥐 쳇바퀴 돌 듯 구습을 답습하고, 미래를 내다보는 눈을 형성조차 하지 못한 것이 얼마나 답답했던가를 상상해 본다.

특히 교육계는 다른 사람보다 빨리 눈을 뜨고 새로움을 신속하게 받아들여야 한다. 예를 들면 국가를 통치하는 왕은, 하늘의 뜻을 살피고, 그것을 빨리 알아채서 백성이 나아갈 방향을 제시하고, 제도를 개선하고 강하게 이끄는 힘이 있어야 한다.

리더가 꿈속을 유영하는 여유를 부려서는 백성은 헐벗고 굶주리게 된다.

즉 선각자의 영감이 흘러넘쳐야 백성이 길을 잃지 않는 것이다. 그런 것 없이 과거를 본뜨고, 안이함에 갈 길을 잃고, 주색에 이끌리면, 백성은 도탄에 빠지고 나라는 후퇴를 거듭하다가 멸망을 맞게 된다. 이는 나라의 비극이고 민족의 참극이다.

한국에서는 우물 안 개구리의 우화를, 중국에서는 井中之蛙(정중 지와)라 하는데 핵심 부분을 인용하면 다음과 같다.

파도가 자라를 모래밭 위에 두고 물러나는 바람에 자라는 바닷가 마을 우물가에서 쉬어가기로 한다.

우물 안에 있던 개구리가 자라와 인사한다.

개구리는 노래 솜씨를 뽐낸다.

- 개구리 - 노래하는 동안 달이 졌네.
- 자라 - 아직 달은 저기 떠 있는데?
- 자라 - 좁은 우물 안이니 달이 보이지 않는군.
　　　　우물 안에서 나와 달을 보라.
- 개구리 - 벌컥 화를 냄. 이곳만큼 넓은 세상이 있는가?
- 자라 - 바다에 대해 말해 줌
- 개구리 - 난 그런 거짓말에 속지 않는다.
- 자라 - 개구리의 으스댐에 혀를 찬다.

이제 학교 교육의 포커스도, 지구촌 가족의 일원으로 높고 넓고 깊게 교육내용을 설정하고, 세계인으로서 역할을 심도 있게 고민하고 가르쳐야 한다.

세계의 물정(物情)을 파악하지 못하고 바늘구멍으로 하늘을 보는 어리석음을 범하지 말아야 한다.

혹시 한국이 결손국가에서 공부한 학생들이라는 말을 듣거나 경쟁에 뒤져서 낙오되는 일이 발생하면 그것은 교육의 책임이다. 그리고 국가의 손실이고 개인의 손실이다.

교육강국의 그 길에는 학교 교육이 숨바꼭질을 닮아가서는 아니된다. 숨바꼭질은 숨고 찾기를 반복하는 활동으로 교육에서는 백해무익임은 분명하다.

교육이 학생을 책임지지 않고 학부모를 교묘하게 기만하고 있지는 않은지 세심하게 살피고 교육을 반추해 보아야 한다.

지금 학교를 향해 시끄러운 사이렌이 울리고 있다. 채찍을 들고 세계를 향해 교육의 틀을 바꾸라고 음성의 톤을 높인다. 교육의 숨바꼭질은 교육을 사망의 길로 나아가게 하는 것이다.

뿌리 깊은 나무는

우리 사회는 해방 이후 국가의 정체성에 대한 끊임없는 좌우 대결 구도 속에서 제어장치가 고장 나서 마치 마주보고 전속력으로 달려오는 열차에 비유하고 있다. 좌우 맞대결의 마지막을 미루어 생각하면 어떤 결과가 나타나리라는 것은 삼척동자도 짐작할 수 있을 것이다.

신(神)이 준 우리들의 신체를 놓고 볼 때, 왼팔과 오른팔, 왼다리와 오른다리는, 한 몸에서 저마다의 위치와 역할만 다를 뿐 근본은 하나이고, 역할도 동일하다.

아담과 하와에게서 핏줄을 잇고 있는 우리 인류도 근본은 하나이지 다른 우주로부터 이주해 온 이방인의 집합은 아니다.

아리스토텔레스의 말처럼, 인간은 생각하는 동물이기 때문에 생각을 즐기고, 생각의 내용도 같지 않고 천태만상이다. 이렇게 생각할 수도 있고 저렇게 생각할 수도 있는 것은 자유지만 자기의 생각에 절대적 가치를 부여하고 고집을 부리는 것은 모순이고 아집이다.

세상에 존재하는 모든 이론은, 인간에 의해 만들어져서 절대적일 수 없고, 상대적이며, 완전할 수도 없는 속성이 있다. 어떤 이론도 나름대로의 모순이 있고 허점이 있기 마련이다.

　물론 그러한 모순을 보완하고 보충해 나가려는 노력은, 이론 창시자의 후학들이 체계를 세우고 연구를 거듭해서 이론적 합리성을 추구하지만 그것도 또 다른 문제를 가져오게 되어있다.

　오늘날의 좌와 우의 극한 대립은 서로 물러설 수 없다는 자만심으로 위기에 봉착하고 있다. 무조건 상대를 향해 무자비하게 돌팔매질을 해댄다.

　상대가 까무러치고 질식하며 항복하길 요구하고 있는 추세이다. 그동안의 갈등과 감정이 증폭되어 일종의 분풀이식 저주가 좌와 우를 지배하고 양보가 없는 극한 상황으로 달음박질한다.

　좌가 주도권을 잡으면 우가 난리를 치고 덤벼들고, 우가 주도권을 잡으면 역시 좌를 잡아먹지 못해서 안달이 난 무지한 짐승들의 축제 분위기가 연출된다.

　좌와 우는 누가 더 위이고 아래인지를 규명하려 해서는 안 된다. 누가 더 우세하고 누가 더 열세인가를 다투어서는 안 된다.

　누가 더 진보이고 보수인가를 따져서도 안 된다. 숫자적으로도 누가 많고 누가 적은가를 따져서도 안 된다.

　무조건 상대를 향해 무자비하게 저주를 하고 분풀이하는 것은 상처만 깊어지고 비참한 결과만 낳게 된다.

서로 싸움을 걸어오고 말꼬리를 붙잡고 늘어지는 비열함에서 탈피해야 한다. 논리적이고, 이성적이며, 따뜻하고, 냉정한 자세를 견지해야 한다.

좋은 점은 칭찬하고, 받아들이고, 더 좋아지도록 이끌어야 하는 것이지 비난하고, 거부하고, 나쁘다고 물고 늘어지는 것은 인류의 미래를 위해서도 자제 내지 삼가야 한다.

숫자를 부풀려서 세력을 과시하고, 상대를 제압하려는 우스꽝스런 일을 삼가야 하며, 억지로 벌떼처럼 달려들어 불안을 조성하고 왜소하게 만들려고 해서는 안 된다.

좌와 우는 서로를 존중하고 이해하며 지금까지와는 전혀 다른 생각의 대전환이 있어야 한다. 즉 좌와 우는 힘을 합쳐 이 세상의 선과 악과의 싸움에 나서야 한다. 악을 뿌리 뽑고 부정을 몰아내고 거짓의 외투를 벗겨내서 선이 지배하는 아름다운 세상을 창조해야 한다.

악이 사라지고 악이 힘을 못 쓰고 악이 소멸되는, 악이 머물 자리가 없는 유토피아 내지는 무릉도원을 건설하는 데 공동의 노력이 있어야 한다.

또한 얽히고설킨 사회적 문제들을 뜯어내서 바로잡는 작업을 공동으로 착수해야 한다. 슈퍼바이러스처럼 기생해서 요지부동의 상태를 뿌리째 드러내서 수술하고 봉합해 새순이 돋아나게 서두를 필요가 있다.

위선이 판을 치고, 거짓이 진실인 양 눈 가리고 아웅 하는 것도 가려내서 철퇴를 가해야 함은 물론이다.

좌와 우는 물과 기름이라는 생각에서 선을 그으면 영원히 이 문제는 해결할 방법도, 해결할 묘안도 찾을 수 없다.

서로 보완의 관계에서 합의점을 찾아내기 위해 돕고 도움 받는다는 전제가 깔려있어야 한다. 상대의 말에 귀 기울이고, 좋은 점은 받아들이고, 개선할 점은 과감하게 수렴해서 발전적인 방안을 만들어 내는 지혜가 우선되어야 한다.

서로 손가락질하고, 서로 비난하고, 서로 외면하고, 서로 포악질하면 합치되는 방안은 찾을 수 없고 영원한 평행선을 달리게 된다.

KTX열차가 앞을 향해 무서운 속도로 질주할 수 있는 것은, 왼쪽 철길과 오른쪽 철길이 오차의 한계를 뛰어넘어 정밀한 균형이 유지될 때에만 가능하다.

균형이 무너지면 언제 어떠한 무섭고 끔찍한 사고를 당할지 누구도 장담할 수 없는 불안한 상태가 이어진다.

인간사에서 좌와 우로 구분하는 것이 무슨 의미가 있는가 생각해 본다. 어떤 것이 높지도 낮지도, 적지도 많지도, 뛰어나지도 열등하지도, 깊거나 얕지 않다는 것은 인지상정이며 정답이다.

수십 년을 두고 이론적으로 대립하는 것을 이어가기보다, 서로 상대의 짜인 진영을 인정하고 상호 협의하면서 나아갈 방안을 공동으로 만들어내야 한다. 혼자 가는 것은 외롭고 쓸쓸하지만 둘이 가는 길은 다정다감하고 따스한 마음의 교환으로 훨씬 멀리 오랫동안 걸을 수 있다.

독신으로 사는 것이 편하다고 생각하는 것은 위험한 사고방식이며, 둘이 함께 이뤄가며 채워 주는 것이 행복도 배가될 수 있는 것이다.

뿌리 깊은 나무는 위용도 있고 포용력도 갖추고 있다. 태풍이나 허리케인이 세차게 몰려와서 사납게 괴롭혀도 눈 하나 깜짝하지 않으며 아무리 강한 자극으로 흔들어대도 역시 그러다가 지나갈 것이라는 것을 아는 듯 미동도 하지 않는다.

뿌리 내림이 얕거나 흙을 쥐고 있는 응집력이 보잘것없으면 바람과의 싸움에서 쓰러지고 만다.

뿌리 깊은 나무는 가볍게 나대거나 깐죽거리지 않음은 물론이다. 미풍이거나, 강풍이거나, 냉풍이거나, 온풍이거나, 돌풍이거나, 태풍이거나 개의치 않고 언제나 늠름한 모습으로 일희일비하지 않는 모습이 대견스럽다.

지식이 내 안에 들어와 있다고 해서 아는 척하고, 남이 알아주길 바라는 소견머리가 없는 사람이 있는가 하면, 높은 학식을 견지하면서도 겸손을 앞세우는 대학자의 모습과 그 모습을 견줄 수 있으리라.

이제 좌와 우로 갈린 우리 사회를 통합하는 길이 한민족이 세계에 우뚝 설 수 있는 첩경이 되고 교육강국의 지름길이다.

가화만사성(家和萬事成)하지 않으면 얻을 것은 아무것도 없다.

교육계부터 좌와 우가 앞장서서 하나가 되고 이끄는 지혜와 슬기가 꼭 있어야 한다.

교육의 힘

예전에 우리 고장은 복사꽃이 피는 4월에는 도시 전체가 담홍색 빛깔로 아름답고 화려하게 장관을 연출했다. 복숭아나무에 피는 복사꽃은 잎이 나오기에 앞서서 꽃이 먼저 피고 열매는 7월경부터 달콤한 향을 내며 익어간다. 전설 속에 유토피아라고 일컫는 무릉도원이 펼쳐지는 것이다.

어린 시절 복숭아가 풍년이 들면 시민들의 얼굴도 싱글벙글 밝고 환해서 도시는 축제 분위기에 휩싸였던 것이 기억난다. 우리들은 지금도 복사꽃을 생각하며 이원수 작사 홍난파 작곡 '고향의 봄'을 즐겨 부른다.

> "나의 살던 고향은 꽃피는 산골 복숭아꽃 살구꽃 아기 진달래
> 울긋불긋 꽃 대궐 차린 동네 그 속에서 놀던 때가 그립습니다."

우리 모교인 부천 남 초등학교는 1922년 소사 심상소학교로 개교하여 조선에 이주한 일본인 자녀들의 교육을 담당하다가 해방과 함

께 인수한 부천 최초의 초등교육 기관이다.

6.25로 인한 동족상잔의 비극!

우리 학교에는 전쟁의 슬픔과 아픔, 전쟁의 비극으로 생긴 고아원에서 기거를 하면서 학교를 다니는 친구들이 꽤 여럿 있었다.

전쟁으로 인해 부모를 잃고 고아가 되어 부양을 책임질 사람이 없어 어쩔 수 없이 고아원에 입소한 친구들이다.

전쟁은 숱한 뒷이야기들을 남긴다. 밀고 밀리는 전쟁의 와중에서 뺏고 빼앗김이 반복되는 극한 상황에서도 군인들과 여성들과의 사랑은 있을 수밖에 없고 그 뒤끝에는 후유증이 생기게 마련이다.

그것은 지나온 역사 속의 어떤 전쟁도 예외일 수 없는 필연과도 같은 전쟁의 이면이다. 가까이는 베트남 전쟁, 조금 멀리는 한국전쟁도 같은 맥락에 속하는 것을 우리는 잘 알고 있다.

평생 이어질 것만 같았던 군인과 여인의 사랑도 전쟁이 끝나고 군대가 철수하면 원하건 원치 않건 이별이라는 두 글자가 사람을 갈라놓고 상처를 안겨준다.

닭 쫓던 개 하늘 쳐다본다고 갈 곳을 잃은 아이들은 청천벽력과 같은 슬픔을 삼키면서 방황의 길에 들어선다. 그런 고아들을 받아주는 곳이 소사동 건너편 낮은 산자락에 둥지를 틀고 자리한 천사고아원이며, 아이들은 그곳에 수용되어 숙식을 하며 배움의 길로 나선다.

고아원에서 부천 남 초등학교까지 꽤 먼 거리를 걸어서 그들은 배움의 열정으로 씩씩하게 학교를 다니고 미래의 꿈을 만들어 갔다.

지금은 경인도로가 2차선에서 8차선의 대로로 변모하면서 그 고아원은 흔적도 없이 사라졌지만 꽤 오랫동안 그 자리를 지켰었다.

과거의 전쟁은 재래식 무기를 가지고 자웅을 겨루는 것이어서 인명피해 재산피해는 생각보다 그리 크다고 할 수는 없다.

그러나 미래의 전쟁은 핵무기가 동원되어 인류 전체가 멸망할 것이라고 가정해도 과장된 것은 아니다.

전쟁의 참화를 피하기 위해 피난길에 나섰던 우리들은 먹을 것이 없고 입을 것이 없고 잠잘 곳이 없는 인간 막장의 삶을 모두가 경험하고 이를 악물고 이겨냈다.

6.25 피난길에 우리 가족은 마차를 앞세우고 걸어서 충청도 당진으로 향했다.

다행히도 우리는 가족이 흩어짐 없이 함께 피난을 갈 수 있었지만 피난길에 가족을 잃고 길가에 버려진 아이들은 배고픔과 전쟁의 공포에 울다 울다 쓰러져 고아가 되거나 사라져버리는 기막힌 운명의 비극을 겪어야 했다.

전쟁이 끝난 후 가족을 잃은 친구들에게 고아라고 해서 불쌍해하거나, 따뜻한 우정을 나누기보다는, 놀림감의 소재로 그들의 마음을 황량하게 하고 몸에 냉기가 흐르게 하는 일도 망설이지 않았다.

그들은 사회의 냉대 속에 마음을 둘 곳도 의지할 곳도 없는 오로지 혼자였다.

모진 세파가 그들을 후려쳐서 스스로 이기고 극복할 수밖에는 달리 방도가 없었다.

그들이 견뎌내야 하는 고통은, 학령 전 어린 시절은 물론 학창시절에도 하나의 핸디캡으로 작용하여 움츠러드는 경우도 많았고, 거칠게 반항하는 아이들도 있었으나 그것은 그들이 스스로 극복해야 하는 험난한 과제의 하나였다.

고아원 출신 근상이는 같은 반 학우로 미술에 재능이 뛰어나고 사물을 보는 눈이 아름답고 순수했다.

어쩌면 고아원에서 어린 시절을 보내면서 부모의 사랑도 못 받고 친구 간의 우정도 많이 부족했을 텐데 아름다운 마음을 간직하고 그것을 그림으로 표현했다는 것이 얼마나 멋지고 대단한지 감탄한 적이 한두 번이 아니었다.

부모 없는 설움 속에서 어리광도 부려보지 못하고, 갖고 싶은 욕구도 충족하지 못하고, 따뜻한 잠자리, 맛난 음식과 멋진 옷도 입어보지 못하고, 늘 가난하고 서럽게 살아왔을 텐데, 세상을 보는 아름다운 마음을 간직하고 있었다는 것이 얼마나 기특한 일인가를 자문자답해 본다.

사람들의 생긴 모습이 전부 다르듯이 세상을 바라보는 눈도 제각각이고 느낌에 대한 해석도 주관적이다. 그 예로 사람들의 생각들을 표현하면 다음과 같다.

> 세상은 아름답고 화려하다. 세상은 어둡고 그늘진 곳이 널려있다. 세상은 즐겁고 살 만하다. 세상은 사람들의 놀이터일 뿐이다. 세상은 추하고 오염으로 가득 차 있다. 세상은 가치 있고 풍요롭다. 세상은 있는 자가 지배하고 없는 것도 상속된다. 세상은 한 편의 드라마이며 한 순간의 꿈으로 설계되어 있다.

그럼에도 세상을 바라보는 눈이 아름다운 고아원 친구 근상이는 교내 미술대회에서도 두각을 나타냈고 군(郡) 대회, 도(道) 대회에서도 특출한 재능을 살리며 상을 휩쓸었다.

미술에 재능이 미약한 나는, 그의 그림을 옆에 놓고 똑같이 그려보려고 시도해 보았지만 도화지에 완성되었을 때의 나의 그림은 그의 그림에 반도 따르지 못할 정도여서 그 부분에서는 늘 부러웠다.

참혹한 전쟁이 남긴 갈 곳 잃은 아이들을 맡아 키우며, 마음의 상처를 치유하고, 미래에 대한 희망을 심어주며, 자립의 힘을 키워주는 사회복지시설 고아원의 운영은 그리 쉬운 일이 아니다.

개중에는 반항하는 친구들도 있고 절망하는 모습을 보이는 친구들도 있는데, 친구 근상이는 고아원에서의 힘든 생활을 잘 이겨내면서 일취월장하는 모습을 보여 친구들은 모두 근상이를 자랑스럽게 생각했다.

고아원에서 가장 어려운 것은 사랑의 결핍이라고 할 수 있다. 사랑은 그네를 타거나 널뛰기를 할 경우의 진동처럼 오고가면서 은연

중에 느끼는 감정이다. 그러나 단체 생활을 해야 하는 그들에게는 삭막한 환경의 지배를 받을 수밖에 달리 방법이 없다.

따뜻하고 은근히 스며드는 사랑의 감촉과 아무런 말이 없더라도 체온으로 전해지는 사랑의 등잔불을 그들에게 밝힐 수는 없다.

어느 날 친구 근상이는 양부모를 따라 미국으로 이민 길에 올랐다. 어린 시절 짧은 시간이지만 그와 같이 했던 시간들이 내 무의식 속에 한 부분을 차지하여 그가 떠오르곤 했다. 그 추억도 역시 언젠가는 지나가리라는 말이 딱 들어맞지만 초등시절을 같이한 우정이 두터웠다.

미국이라는 새 환경에서 양부모와 생활하며 자란다는 것은 여러 가지 결핍을 겪게 되는 아픔도 함께한다.

물질적 경제적 빈곤은 모면하겠지만 부모 형제자매들 모두가 혈연관계가 없는 남남들이다. 가족이라는 강한 응집력도 없고 단란하고 행복한 가정생활은 쉽지 않다고 생각된다.

미국으로 양부모를 따라갔던 근상이는 새로운 교육 환경에서 잘 적응하고, 그가 어린 시절 꿈이었던 화가의 길로 자신을 채찍질하여 중견화가로 발돋움하는 기적을 이루었다.

양부모 밑에서 학교에 적응하고 대학을 나와서 자아실현의 길을 걸어가 성공의 길로 들어서는 것은 숱한 고난이 있었으리라 짐작된다.

그는 미국인 아내와 결혼을 해 가정을 이뤘으며 그의 자녀들은 컴퓨터 프로그래머와 국제금융 전문가의 직업으로 탄탄대로를 달리며 그의 가문을 빛내고 있으며 그는 행복한 삶을 영위하고 있다.

우리는 우여곡절 끝에 연락이 닿아서 그가 한국을 방문하여 부천에서 고등학교 교장을 하는 나와의 미팅이 성사되었다.

우리 둘은 부둥켜안고 얼마나 많은 눈물을 흘렸는지 그 감동을 지금도 잊을 수 없다. 그리고 어린 시절의 아름다운 추억, 부천의 아름다운 산책길인 하우고개 길을 걸으며 밤이 새도록 이야기꽃을 피웠다.

교육의 힘은 대단하고 무궁무진하다. 개인의 재능을 효율적으로 어떻게 개발하는가에 따라 개인의 삶의 질과 삶의 방향이 결정된다.

어려운 환경 속에서도 현실에 굴하지 않고 꿈을 향해 질주한 친구 근상이의 노력과 끈기는 우리 모두가 배워야 할 자세이며 그의 성공한 삶은 교육의 힘이라고 단정 지어 말할 수 있다.

아이디어 천국

한국인은 그 어느 나라 국민보다도 생각의 폭이 넓고 깊으며 상황에 대처하는 능력이 뛰어난 기지를 발휘하는 모방의 천재라고 불린다.

학교에서 학생들을 가르치다 보면 모두들 눈썰미가 있어서 보거나 들은 것을 망각하지 않고 쉽게 본을 떠서 변형시킴과 동시에 편리성과 아름다움을 가미시키는 능력이 빼어남을 수없이 목격하게 된다.

사실 어떤 사물을 보고 떠오르는 아이디어를 실제에 적용시켜서 새로운 아이템을 발굴하는 것은 쉽지 않고 난해할 따름이다.

메모하고, 본뜨고, 다듬어서, 기록으로 남기는 것이 대작을 창조할 수 있는 기본 바탕이 된다.

누구든지 섬광처럼 빛을 발하다가 사라지는 그 순간의 아이디어를 상품화하면 돈도 벌고 명예도 얻고 잘하면 팔자도 고치고 대대손손 부를 이어갈 수 있다.

치열한 글로벌 경쟁 속에서 나라가 커가고 발전의 속도를 가속화하려면, 많은 사람들이 신선한 아이디어 발굴에 매달려야 하고, 모방을 창조로 탈바꿈하는 노력이 불처럼 무섭게 타올라야 한다.

　국가 기술 경쟁력의 척도가 되는 국가들의 특허 순위를 보면 (1) 미국 46% (2) 일본 16% (3) 한국 6.5% (4) 독일 5% (5) 중국 3.5%이다.

　교육강국인 미국과 일본이 특허 출원의 62%를 차지함은, 그들 나라의 교육수준이 상당히 높은 위치에 도달했음을 입증한다.

　한국이 예전에 비해 특허 건수가 비약적으로 늘어나고 있는 것은 상당히 고무적이고 더구나 선진국 독일을 제친 것은 놀라운 일이며 희망적인 일이다.

　교육현장인 학교에서, 보금자리인 가정에서, 어린 시절부터 무엇이든지 유연하고 폭넓게 사고 훈련을 하고 상상의 나래를 맘껏 펼칠 수 있는 교육의 작용이 두뇌에 스며들어야 한다.

　국토 면적의 크기나 인구가 상대적으로 적은 것에 비하면 한민족의 우수성이 돋보이고 민족적 자긍심이 위대하게 느껴진다. 그렇다고 해서 이만큼 이루었으니 이제는 천천히 가자는 식의 자만심은 크게 경계해야 한다.

　우리는 아직 선진국 대열에 합류했다고 보기는 어렵다. 아직도 가야 할 길은 험난하고 고개고개 열두 고개를 넘으면서 다가올 고난과 고비를 슬기롭게 이겨내야 할 과제가 산더미처럼 쌓여 있음에 유의 해야 한다.

아이디어는 학교와 기업으로 계열화하고 연결고리를 만들어야 한 다. 그런데 학교와 기업은 난형난제인가 하는 의구심을 갖게 된다.

학교는 인재 양성에 주안점을 두는데 비해, 기업은 이익을 더 많이 창출하는 것이 과제이다. 그런데 기업이 학교를 혹독하게 비난하거나 학교가 무의미한 집단이라고 매도하는 경우를 자주 접하게 된다.

학교가 무엇을 가르쳤냐고 기업이 학교를 비난하거나 매도하는 이 유를 들어보면, 학교에서 만들어낸 인재를 선발해서 현장에 도입하면 기대에 부응하지 못하는 경우가 다반사라는 불평을 하는 것이다.

기업의 생산 시설이나 환경은 첨단을 달리고 있는데, 학교에서 갓 나온 인재는 이미 사장되어 버린 알량한 지식으로 무장하고 들어오 기 때문에 써먹을 수가 없고, 재교육을 시켜야만 유용하게 쓸 수 있 다는 주장이다.

학교는 천문학적인 돈을 써가면서도 쓸모없는 인간을 양산하고 있는 우스꽝스런 일이 벌어진다는 것이다.

물론 한편으로는 일리도 있지만 학생들을 상대로 교육을 하는 학 교가 첨단을 달리는 기업에 접근할 수 있는 교육은 커다란 어려움이 따른다.

학교는 어린이 집에서 유치원 교육으로, 초등학교 교육에서, 중·고등학교 교육으로, 더 나아가 대학교육으로 교육의 계열성이 짜여 있다.

즉 학교교육은 교육과정에 의하여 상위 학교로 연결고리가 이어져가는 형태를 띠고 있다.

개별적인 요소 즉 기초과정에서 보통과정으로 나아가 고급과정으로 더 나아가 전문과정으로 연결된다.

학교교육은 기본을 가르쳐서 사회에 나가서 진정으로 응용할 수 있는 기반을 닦는데 핵심이 있다. 따라서 기업은 학교를 나무라거나 꾸짖을 필요가 없는 것이다. 기업이 요구하는 시험을 거쳐 선발한 인재가, 응용할 수 있는 직장 교육은 기업의 몫이 되는 것이다.

경제 개발의 초기 단계에서 학교교육의 가장 큰 수혜자는 기업임을 잊어서는 안 된다.

기업은 학교에서 길러낸 인재를 그 어떤 보조나 대가도 치르지 않고 무상으로 기업의 이익을 창출하는 데 사용하지 않았는가 묻고 싶다.

세금 납부를 앞세워 학교를 꼬집어서는 안 된다. 지금은 학교에 장학금을 제공하든가 학교발전 기금을 내어 놓긴 해도 인재 하나를 배출하는데 들어가는 돈과 노력 열정에 비하면 미미한 것이다.

교육강국 그 길에는 학교와 기업이 손잡고 유기적으로 정보를 교환하면서 무궁무진한 아이디어가 샘솟을 수 있도록 새로운 관계설정이 필요하다.

아이디어는 기발한 생각이 뇌리 속을 스칠 때 그 순간을 놓쳐서는 안 된다. 찰나의 그 순간의 생각을 메모하고, 그것을 바탕으로 구상하고, 발전시켜 나가야 한다. 한국인 모두가 아이디어 창안에 집중해서 상품 개발에 나선다면 우리는 교육강국으로 빠르게 진입할 수 있다.

아이디어로 돈도 벌고, 명예도 얻고, 삶의 질도 높일 수 있는 것이면 이야기만은 아니고 가까운 곳에 상존하고 있다.
선진국 꽁무니나 쫓아가서 그들의 특허를 얻어서 쓴다면 특허 비용으로 천문학적인 비용을 그들에게 지불해야 하고 실제로 엄청난 돈이 그들에게 흘러들어가고 있다.

미국은 우주, 외계 세계의 수수께끼를 풀기 위해 뛰어난 과학 인력과 자본투자를 통해 우주 정복의 길로 매진하고 있다.

아이디어의 창조 과정은 끊임없는 자기와의 싸움이며, 지고지난의 고통을 겪으면서 갈고 닦고 다듬으면서, 가미도 하고, 과감하게 쳐내기도 하는 노력이 선행되어야 한다.
교육강국은 세계 1등 국가의 대열에 우뚝 설 때까지 주마가편(走馬加鞭)의 신념이 우리들의 가슴 속에서 용광로처럼 끓어오르고 온 천수처럼 하늘을 향해 솟구쳐 올라야 가능한 국가의 큰 목표이고 민족의 염원이다.

미래로 가는 길

미래에는 지금의 모습과는 전혀 다른 세계가 펼쳐지리라는 것은 충분히 예상되고 많은 사람들이 이에 동의하고 있다.

미래의 전혀 다른 세계란 만화나, 영화에서, 상상할 수 있는 꿈의 사실들이 기적처럼 현실로 발현된다는 것이다.

나는 중국을 자주 여행하면서 그 옛날의 실크로드가 오늘의 문명과 어떤 연결고리가 있을까를 늘 궁금해하던 차에 중국 운남성을 방문해서 실크로드의 현장을 체험하면서 큰 교훈을 얻을 수 있었다.

실크로드는 동양과 서양을 이어주는 교역로이다. 따라서 중국 여행의 묘미는 실크로드의 흔적이 남아있는 오지까지 들어가서 과거로 회귀하는 시간을 갖는 것이며 그 재미는 쏠쏠하기 그지없었다.

실크로드는 고대 중국과 서역을 연결해 주는 불가사의한 교통로이다. 약 6,000km 비단길을 열 수 있다는 것은 그 당시를 기준으로 할 때는 상상조차 할 수 없는 일이지만 어떤 메리트가 주어지기 때문에 생명을 담보로 끊임없이 길 열기를 시도해서 인류 무역의 역사를 새로 쓰게 된 쾌거라고 생각한다.

정보가 캄캄했던 동·서양의 문명을 접하면서 교류를 통해 이어주고 비단이나 마시는 차, 의약품을 비롯한 생필품들을 낙타나 야크에 의해 실어 날라서 물물교환을 나누는 장면은 감탄이 절로 나온다.

사람과 짐승이 하나 되어 험준한 천산산맥을 흙먼지를 날리고 눈구덩이에 빠지며 얼음같이 차디찬 빙하 녹은 냇가를 건너서 앞으로 전진하는 모습이 인상적으로 가슴을 파고든다.

사람과 짐승의 극한 상황 돌파, 자연의 거듭되는 위험 앞에 놓이는 인간의 한계상황, 그리고 두고 온 아내와 자녀들의 뜨거운 응원 또한 살아가고 살아남기 위해 고통과 역경을 무릅쓰고 전진 또 전진하는 인간 승리의 길이 실크로드이다.

남자들이 실크로드의 긴 여정을 떠나면서 여자들은 집에 머물게 된다. 집안일을 돌보고, 아기를 양육하며, 농사일을 주도적으로 처리하는 고달픔에 빠져든다.

실크로드를 떠남으로써 외롭고, 험난하고, 극한 상황을 돌파하고, 생명을 위협하고, 고통을 수반하는 위험이 따르지만 홀로 남겨진 여자들의 아픔은 어쩌면 그에 못지않은 아니 더 힘든 기다림의 아픔, 걱정의 소용돌이 속에 던져져야 한다는 것이리라.

실크로드 여정에 오른 전사들에게 재미라고는 주변에 눈에 띠는 목가적인 풍경을 감상하는 일이다.

해 뜨기 전, 눈을 뜨면 말 먹이와 허기진 그들의 음식 마련이 공존하고 늦기 전에 서둘러 출발을 하고 하루 종일 걷다가 저녁노을에 어둠이 깃들면 잠잘 곳을 물색해야 한다.

동가숙서가식(東家宿西家食)하면서 교역에 나서는 그들의 모습에서 삶의 고달픔이 묻어난다.

초기에 실크로드를 왕래한 사람들의 고생은 더더욱 이루 말할 수 없었을 것이다. 왜냐하면 길이 나 있지 않는 험준한 산길을 말에 짐을 싣고 간다는 것을 생각해보라. 생명을 건 위험한 서커스에 비유해도 부족하지 않다고 본다.

잘못하면 낭떠러지로 굴러 떨어지고, 독충에 물려 죽을 수도 있으며, 굶주림과 부족한 잠을 뿌리치며 오고가야 하는 숙명의 길이었다.

실크로드는 馬足(마족)과 人足(인족)이 만든 위대한 비단길이다.

교역은 단순한 상품을 사고파는 것에 그치지 않고 서로 다른 문화를 배우기도 하고 주기도 하는 종합박람회와 마찬가지인 축제이다.

예전에는 집을 나서면 자연의 소리를 듣고 풍경을 즐기면서 목적지를 향해 걸어서 이동하였지만 오늘날의 위치 이동은 차량을 이용하기 때문에 식은 죽 먹기이다.

실크로드는 직역하면 말 그대로 비단길이다. 섬유 산업이 오늘날처럼 화려한 모습으로 의생활의 혁명을 가져오기 이전에는 무명, 삼베, 비단이 옷 소재의 대표 주자였다. 그중에서 누에고치에서 뽑아내는 비단은 여성에게는 선망의 대상이었고 그것을 입는다는 것이

쉬운 일은 아니었다.

오늘날에는 옷의 소재가 다양화하면서 의생활의 혁명이 오고 너무 많은 옷은 유행이 지나 천덕꾸러기 취급까지 받고 있다.

옷이 날개라는 말이 있듯이, 고급소재의 옷감을 사용하여 최고 수준에 있는 디자이너가 옷을 만들어서 착용하면, 사람이 달라 보이는 것은 맞다. 뷰티와 귀티가 한꺼번에 작용해서 전혀 다른 사람으로 탈바꿈하게 된다.

이제 한국은 출산율이 줄어들고 학령아동도 점차 줄어들어 최악의 상황이 연출되고 있다. 인구의 감소는 세계 시장에 나가서 민족의 미래를 활짝 열어줄 전사들이 줄어드는 것이다.

하나같이 귀하고 소중한 아이들을 잘 키워내야 하는 막중한 책임이 교육에 있는 것이다.

선생님들은 학생들 개개인이 미래를 향해 쉼 없이 달려갈 수 있는 실크로드를 만들어 주어야 한다.

학생들 혼자의 힘으로는 가보지 않는 길이기에 엄두도 나지 않고, 겁도 나고 무엇을 어떻게 해야 할지 모른다. 그러기에 선생님들은 그것을 간파하고, 아이들 배낭에 준비해야 할 갖가지 지혜를 가득 넣어 주어서 실크로드를 밟으며 고난을 이겨내고, 도착 지점에서 새로운 문명과 교류할 수 있는 경우의 수를 맘껏 펼칠 수 있도록 인도해야 한다.

우리에게 곧 닥칠 미래는 정형화, 획일화, 보편화된 것을 거부하고 색다르고 독특하며 차별적인 것을 요구하기 때문에 학교교육의 목표와 방향도 새롭게 설정하여 맞춰나가야 한다.

한국의 상품이 세계시장에서 각광을 받는 것은 디자인과 품질의 방향을 빠르게 읽어서 소비자의 구미를 충족시키기 때문이다.

한국은 좁고 제한적이나 세계는 끝없이 넓은 무한대의 무대이다. 세계를 향해 학생들이 뻗어나가고 큰 꿈의 나래를 펼칠 수 있는 전략을 교육이 넣어주어야 한다. 그것이 교육강국이 해야 할 과제이며 책임이다.

똑똑한 리더

리더는 흔히 조직의 꽃이라고 일컬어지기도 한다. 조직을 대표하기 때문에 꼭대기에 자리를 잡고 앞에서 이끌고 뒤에서 밀며 나아갈 방향을 제시하고 조정하는 역할을 담당한다.

나는 공립 중·고교의 학교장 업무를 11년간 수행하면서 부족한 자아를 발견하고 질책과 반성을 거듭하면서 잘 해보려고 발을 동동 구른 적이 한두 번이 아니었다.

준비된 학교장이 성공의 확률이 높고 실패하는 경우는 드물 것이라고 확신한다. 선생님도 같은 범주에서 생각하면 미래가 보이는 것은 마찬가지이다.

학교장은 시대적 사명을 빨리 알아차리고 변화와 흐름을 수용하면서 부족함을 채워야 한다. 특히 책의 힘, 인터넷의 힘을 빌려서 부단한 연수, 촌음(寸陰)을 아껴 쓰는 시간 관리에 능숙해야 한다.

거친 바다의 물살을 헤치고 항해를 총괄하는 선장은 밤잠을 설쳐

가면서 선박의 안전 항해를 확보한다. 언제 어떻게 불어 닥칠지 모르는 위기에 대비해 긴장의 끈을 놓아서는 안 되는 막중한 자리에 무게감을 느끼기도 한다.

이처럼 리더는 맡은 직분을 충실히 이행하기 위해 전체를 어우르고 때로는 명령과 지시를 하달하여 조직이 원활하게 굴러갈 수 있도록 힘을 실어주기도 한다.

또한 크고 작은 위험으로부터 조직을 보호하고 조직원의 안위는 물론 역할 수행의 의무와 책임을 다하도록 다독거리기도 한다. 그래서 리더는 범인(凡人)보다는 생각하는 것이, 행동하는 것이, 리드하는 것이, 느끼는 것이 돋보여야 한다. 범인과 똑같이 속됨을 추구하면 누가 리더로서 인정을 하겠는가.

오늘날의 리더의 위기는 지행일치(知行一致) 언행일치가 안 되고 전혀 다르게 움직인다는 데 문제가 있다.

낮과 밤이 다르고, 안과 밖이 다르고, 흑과 백을 다르게 적용한다. 먹을 것이 있으면 그 주변을 맴돌면서 떡고물을 챙기고 시치미를 떼는 부도덕한 경우에는 비난을 감수해야 한다.

일부의 리더는 모르쇠로 일관하면서 스스로 청렴한 척 위장을 하지만 스스로를 속이고 기만하는 행위이다. 그런 리더의 제스처는 범인(凡人)에 의해 거부당한다. 받아들이지 않을뿐더러 무시와 냉소를 보낸다.

리더의 바람직한 자세는 무서울 정도로 자신을 단속하고 달래고 의연함을 실천해야 한다. 다르게 생각하고, 멋지게 행동하고, 범인(凡人)을 다독거리면서 내 편으로 끌어들여야 한다.

학교장 연수를 갈 때 남해안 일주를 하면서 통영에서 배를 타고 충무공 유적지를 관람하는데 정자에 이순신 장군의 글이 눈에 들어왔다.

"한산섬 달 밝은 밤에 수루에 홀로 앉아 깊은 시름하는 차에
어디서 일성호가는 남의 애를 끊나니"

이 시조는 리더의 나라 사랑의 길을 꿰뚫어보는 시조로, 장군은 리더의 수장으로 존중받아 마땅하다.

현대사회는 리더에 대해 비판과 함께 부정적인 견해를 피력하며 피로감을 높인다. 조직의 발전에 장애가 됨은 물론 어려움에 봉착하게 만든다.
언제부터인지 조직의 장을 인정하기보다는 매도하고, 적으로 간주하고, 대항하고 모멸감을 주기도 한다. 이는 리더에 대한 강력한 도전이다.
너나 나나 똑같다는 논리를 펴는 배은망덕한 조직원도 가끔씩 나타난다. 막장 인생처럼 행동하는 것이다.

우리는 리더가 시련을 당하는 세상을 당연시하는 위기에 봉착하

고 있다. 이런 현상이 계속되면 배는 정상적인 항해를 하지 못하고 산으로 올라갈 수밖에 없는 위험에 도달하게 된다.

리더는 하늘이 낸다는 말이 있다. 옛날의 임금은 미래를 멀리 내다보고 나라가 가야 할 길을 인도하고 솔선수범해야 한다.

임금의 역할을 해태(懈怠)하면 백성들은 가난의 질곡으로 빠져들어 미래가 없는 고통을 당하게 된다.

그런 상황이 계속 이어지면 내란이 발생하게 되고 내란은 외란을 불러들이고 그에 적절한 대응을 하지 못하면 망국의 길로 가는 불행이 엄습하게 된다.

먼 옛날에는 백성들이 학문을 이수한 사람이 소수이기 때문에 왕은 나라를 통치하는데 절대 권력을 마음대로 행사할 수 있었다. 무식한 백성이 시비를 걸 일도 없고, 비판할 능력도 없고, 그저 삼시 세끼 따뜻한 밥을 먹게 나라를 다스리면 더 바랄 것이 없었다.

오늘날은 백성들이 나라님보다 더 우위에 있는 사람들이 많기 때문에 조그만 잘못에도 몰매를 맞는 지경에 도달하고 만다.

말도 많고 탈도 많은 것이 우리네 인생살이지만 끝없는 태클은 나라가 나아가는데 걸림돌로 작용할 뿐 도움이 되지 않는다.

중국 원나라의 증선지가 지은 역사책 '십팔사략(十八史略)'에는 타면자건(唾面自乾)을 실천하는 삶이 기록되어 있다.

"남이 내 얼굴에 침을 뱉으면 그것이 저절로 마를 때까지 기다린다"는 뜻이다.

　이 말의 유래는 측천무후의 신하 중에 '누사덕'이라는 사람이 그의 아우가 대주지사로 임명되자 그를 불러 질문을 했다.

　"형제가 황제의 총애를 받는 것은 좋은 일이나 남의 시샘도 크니 앞으로 처신을 어떻게 하겠는가?" 묻자 동생은 "비록 내 얼굴에 침을 뱉더라도 화내지 않고 닦아 주겠다"고 답했다.

　누사덕은 "만약 네게 침을 뱉는다면, 뭔가 화가 난 것이니 바로 침을 닦으면 상대 기분을 거슬리니, 마를 때까지 그냥 두는 게 제일이다"라고 훈계한 것이다.

　우리 생활에서 '타면자건(唾面自乾)'을 실천하는 것이, 범인(凡人)으로서는 견디기 어려운 모욕이고 성인군자가 아니면 받아들이기 쉽지 않을 것이라는 생각이 든다. 그러나 누사덕이라는 형제도 범인에 속하는 사람들이다.

　우리가 지위가 높거나 유명하게 되면 일반적으로 범인(凡人)과 다른 뭔가 특별한 삶을 살리라는 착각을 하게 되지만 그렇지가 않다. 그도 인간이고 나도 똑같은 인간이며 인간은 별 차이 없이 거기서 거기일 뿐이다.

　지금 세상 사람들은 내가 최고이고, 나만 알고, 나 이외에는 우습게 아래로 깔고 보는 즉 내가 지존이라는 생각에 흠뻑 젖어 살고 있는 느낌이다.

　개인주의가 지배하는 가정은 가족과의 교류에 인색하며 소통에 장애가 생기고 행복한 가정을 이룰 수 없다. 그러한 하나의 가정이 모여서 사회를 이루니 사회의 모습은 어떠할까를 생각하면 측은한 생각이 들어 걱정이 앞선다.

이제 가정에서, 학교에서, 사회에서, 국가에서, 세계적인 리더 교육을 매섭고 짜임새 있게, 스파르타식으로 강력하게 밀고 가야 한다.

똑똑한 리더는 민족을 하나로 묶어서 일사분란하게 미래를 열어 갈 수 있도록 진군의 나팔을 불어야 한다. 똑똑한 리더는 세계를 이끌 수 있는 교육강국의 보물들이다. 리더는 고독의 정점에 있으면서 상하좌우로부터 어이없는 질시와 비판, 험담에 시달리지만 미래를 멀리 응시하면서 이겨나가야 한다.

생각이 정답이다

선생님은 수업을 통해 학생들의 지적(知的), 정의적, 행동적 변화를 유도하는 핵심 역할을 담당한다. 그리고 수업에 대한 평가를 통해 성공과 실패의 정보를 얻게 된다.

일반적으로 평가문제를 출제할 경우 정답은 반드시 하나이어야 한다는 원칙이 있다. 그 이유는 객관식은 신뢰도, 객관도, 타당도에 바탕을 두고 출제하므로 유사 답이 있거나, 답이 하나도 없는 경우에는 학생들의 항의로 골머리를 앓게 된다. 물론 아이들로부터 오는 시비와 비난, 평가점수의 처리 등 교사가 감당하기 어렵고 곤궁에 빠지는 경우가 있어서 신중을 기하고 사전에 예방조치는 절대적이다.

주관식 문제의 경우에는, 단답형도 어려움을 겪는 경우가 다반사이고 서술형인 경우에는, 아이들의 생각의 범위가 각양각색이고, 정답의 범주를 설정하는 것이 애매모호해서 당황하는 경우가 생긴다. 또한 정답에 대한 시비의 소지가 넓고 높고 깊어서 점수 산정에서도 이럴까 저럴까 망설이게 된다.

객관식 문제의 경우에는 채점도 쉽고 답도 분명해서 교사들이 선호하지만, 국가 주도의 시험인 대학 입학을 위한 수능시험 문제에는, 매년 정답에 대한 시빗거리가 생겨서 시끄러움에 몸살을 겪기도 한다.

　오늘날 인류가 위대한 문명사회를 건설하고 정서적 물질적 풍요를 이루게 된 바탕은 인간의 지적능력의 무한성에 도전정신이 합해져서 이루어낸 결과이다.

　인간의 지적(知的) 능력의 무한성 입증은, 교사가 단답형이든, 서술형이든, 시험문제를 출제하고 채점에 들어가면, 기발하게 답을 끄집어내는 것에 혀를 내두르게 된다. 놀라움과 경악, 때론 문제 왜곡에 대한 분노로 치를 떨게 되는 경우도 발생한다.

　그만큼 사람의 생각하는 능력은 활짝 열려 있고 무한하며 사람마다 카테고리를 넘어서는 위대함이 존재한다는 것이다.
　고전적이고 정형화된 것을 거부하고, 신선하고 비전 있는 미래를 어린 학생인 그들도 내다보고 있는 것이다.

　우리의 뇌리에서 생성되는 생각들은 마치 나이아가라 폭포에서 쏟아져 내리는 거친 물줄기처럼 쉴 사이 없이 뇌리를 스쳐 지나간다.
　댐에서 물을 가두고 필요할 때 끌어다 쓸 수 있는 것도 아닌 생각들은 아주 짧은 순간만 반짝했다가 사라져 버리기도 한다.

뇌리에서 생성되는 생각은 시시각각으로 변화하면서 꼬리에 꼬리를 물고 이어진다. 생각하는 것을 글로 써낸다면 하루치 분량만 해도 상상하기 힘들 정도로 어마어마한 양이 될 것이다.

한 달 동안 생각의 분량을 모아서 측정해 보면 그 양이 어느 정도일까. 그리고 뇌리에서 생성되었다가 사라져버리는 생각들은 아마 천문학적인 수치로 표현할 수 있을지도 모를 일이다. 그나마 사람의 생각을 기록한 것이 책이 되고 생각의 내용들이 한 묶음으로 문화라는 것을 만들고 있다.

구문화는 신문화에 밀려 사라지고, 신문화 역시 치고 올라오는 새로운 문화에게 자리를 비켜주고 변방에 머물게 된다.

묵은 것과 낡은 것을 폐기 처분하고 새로운 기법이 전면에 나서기에 오늘날 인류는 복잡다기(複雜多岐)한 세상에서 굳건히 자리를 지키고 있는 것이다.

생각이 정답이라는 말은 절대성보다는 상대성에 비중을 두고 있다. 사람마다 이런 생각도 하고, 저런 생각도 하는데, 그것을 가지고 맞다, 틀리다고 할 수 없다는 것이다. 맞을 수도 있고, 틀릴 수도 있는 양면성은 언제나 갖고 있는 것이기 때문이다. 다만 우리는 보편 타당한 가치에 비중을 두고 생각해야 한다는 것이 다를 뿐이다.

생각이 한 쪽으로 쏠리게 되면 문화는 발전하지 못하고 정체현상을 빚게 된다. 이런 것을 옳으니 이리로 모이고 모두 집중해야 한다고 역설하는 것은 매우 위험한 생각이다.

이럴 수도 있고, 저럴 수도 있으며, 그렇지 않을 수도 있다는 생각을 늘 염두에 둘 필요가 있다. 이것이 우유부단하다고 생각하는 것은 위험한 것이다.

우리는 생각이 점수인 혼돈과 아리송한 사회에서 살고 있다. 시험 문제에서 똑같이 백 점을 받아도 모두가 동시에 백 점이 될 수 없고, 생각에 따라서 백 점도, 90점도 될 수 있는 아이러니컬한 상황을 맞이하고 있다. 의아하지만 어쩔 수 없는 사회적 흐름이다.

논란을 불러오는 기가 막힌 일이 생길 수 있는데, 그것은 같은 정답을 써내고도 합격과 불합격이라는 극과 극을 맞이할 수도 있다는 데서 충격적이기도 하다. 그만큼 우리가 살아가는 세상은 도무지 이해할 수 없는 또는 받아들일 수 없는 그리고 앞뒤가 맞아떨어지지 않는 델리케이트한 사회에서 존재한다는 것이다.
예전에는 두부 자르듯 각지게 칼로 자르면 그것이 옳고 그름에 관계없이 가치가 부여되고 그런 결정에 대해 이의 제기도 없었는데 지금은 그렇게 예전처럼 단순하지만은 않다.

사물은 보는 관점과 각도에 따라 다르다는 것은 누구나 알고 있다. 그런데 중요한 것은 객관성보다는 주관성에 의해 판단을 하고 그 판단은 견고하고 확고해서 수정하기가 어렵다는 것이다.
유동성을 갖는 것이 아니라 고정성으로 포장을 해서 도저히 깰 수 없는 견고함을 유지한다는 데 문제가 있는 것이다.

학교 수업시간에 어떤 사실에 대해 토론에 들어가면 50명 학생 전체가 모두 다른 생각을 하고 있음을 그들의 발언으로 금방 알게 된다. 유사성은 있지만 같은 생각은 존재하지 않는다.

사람의 생김새가 모두 다 다른 것과 같은 논리이다. 똑같이 생긴 사람은 이 지구상에 하나도 존재하지 않는다.

신의 위대함이 여기서도 증명된다. 쌍둥이도 얼른 보기에는 똑같이 생긴 것 같지만 그들을 낳은 부모는 다름을 바로 인지한다는 것이다.

학교는 살아가는 힘을 끝없이 터치해보고 자기 나름대로의 방법을 찾아가는 위대한 터전이다. 이렇게도 생각해 보고, 저렇게도 연습을 거듭하는 기회를 제공하는 것이 학생들이 하늘을 향해 날 수 있는 첩경이 된다.

교육강국 그 길에는 폐쇄적이 아닌 활짝 열린 개방적 사고로 나아가게 하여야 한다.

인간의 미래는 절대가치보다는 상대가치가 더 존귀하게 여겨지는 세상에서 살아가게 된다.

농업의 생산성과 공업의 생산성, 상업의 생산성은 저마다 부가가치가 다르다.

사회가 크게 변화하면서 현격한 생산성의 차이를 발견하고 대응하는 지혜를 선생님들은 조언해 주어야 한다.

날이 갈수록 교육은 사회 변화에 초점을 맞추고 학생들의 생각하는 힘을 확장시켜 나가야 한다. 불교에서는 인간이 태어나서 죽음에 이르는 평생동안 생각의 양을 어림잡아 보았더니 약 280경이라는 엄청난 규모의 생각이 떠올랐다가 사라진다는 것이다.

교육강국으로 가는 길은 난해하고 험난하지만 이겨내고 쭉쭉 뻗어나가야 한다.

교육을 멀리 보면

교육강국에는 교육 정책이 이랬다저랬다 뺑덕어멈 팥죽 끓듯 변덕스럽지 않고 일관성과 계속성이 있어야 한다. 문제가 발견되면 원인을 찾아서 보완하는 선에서 해결 방안을 찾는 것도 중요하다.

급격한 정책의 변경은 '교육 백년지대계(百年之大計)'와 상치하며 현장교육을 혼돈의 소용돌이로 빠져들게 할 수 있다.

학생들이 제도의 궤를 쫓아 목표를 설정하고 학습을 진행한 것이, 어느 날 교육 정책의 변경으로 바뀐다면, 그야말로 닭 쫓던 개 하늘 쳐다보는 황당한 일이 발생할 수 있는 것이다.

교육 당국에는 학교교육 프로그램이 편협하거나 단순하지 않고, 다양한 학생들이 적성과 취미에 맞는 것을 취사선택하여 미래를 설계하는 길을 열어주는 혜지(慧智)가 필요하다.

교육 정책을 조삼모사(朝三暮四), 조령모개(朝令暮改)식으로 흔들어대면 뛰어난 인재가 득세하기보다는 기회주의적 사고방식의 약삭

빠른 학생들이 윗자리를 차지하는 모순이 생기게 된다.

교육강국에는 민족이 미래를 생각하면서 모든 교육활동이 이것과 맞물려서 돌아갈 수 있도록 시스템이 짜여있어야 한다. 시계의 톱니바퀴처럼 한 치의 오차도 발생해서도 안 된다.

오늘날 평가방식을 상대평가로 할 것인가, 절대평가로 할 것인가를 놓고 끊임없는 대립이 계속되고 있다.

취업에서 유리함을 확보하기 위해 대학 학점을 절대평가로 해서 모든 학생에게 A학점을 준다면, 기업은 이 점수를 신뢰할 수 없어 걸러내는데 큰 고충을 겪게 된다.

학생의 능력이 뛰어나다, 우수하다, 보통이다, 열등하다를 학교에서 리트머스시험지가 불순물을 걸러내듯 논리성을 갖추어서 가려주어야 한다.

교육 활동의 기준 설정은 현재가 아니고 미래를 염두에 두는 것은 매우 중요한 이슈이다. 그렇다고 과거를 도외시할 수는 없는 노릇이다.

그 이유는 과거는 지나간 역사의 기록이기 때문에 무엇이 문제이고 무엇을 고쳐야 바람직한 미래를 설계할 수 있는지 그 Key가 그 기록 속에 숨겨져 있기 때문이다.

해방 후, 건국 70년이 지나면서 교육 정책은 여러 가지 방법을 채택하면서 시행착오를 거쳤는데, 아직까지도 대학입시 정책 하나만 보더라도 오락가락 갈피를 못 잡고 있으니, 현장에 있는 학생들은 어느 장단에 춤을 추고 활시위를 당겨야 할지 혼란이 계속되고 있다.

교육강국으로 가는 길에는 좌우 이념의 대립으로 교육이 아파해서는 안 된다. 어느 한 쪽으로 치우치는 것은 아이들을 절름발이 장애자로 신체 균형을 깨뜨리는 우를 범하게 된다.

전교조와 한국교총이 서로 견제하면서 발전을 모색해야 하며 누가 이기고 누구를 쓰러뜨려 승리감을 맛봐야 한다는 생각은 소아병적 생각일 뿐이다. 따라서 교육강국으로 가는 길에는 교육의 중용을 으뜸의 가치로 설정해야 한다.

중용을 그 옛날 공자가 얘기한 구닥다리 이론이라고 가치 절하를 해서는 그야말로 불장난이라고 단정 지을 수밖에 없다.

교육강국으로 가는 길에는 많은 장애물이 놓여 있고 그 장애물을 교육당사자들의 지혜를 결집하여 슬기롭게 제거해야 한다.

요즈음에는 어떤 일을 진행하려면 예전처럼 옳다고 생각하면 일반적으로 불도저 밀고 나가듯이 앞뒤 가리지 않고 밀고 나갈 수가 없다. 합의에 의해 모두가 수긍해야 하며 반대할 경우에는 설득 과정을 거쳐 Yes라는 답이 나오도록 해야 하는 어려움이 있다.

국가 안보를 위해 꼭 필요한 시설에도 주민이 반대하면 시민단체가 가세하고 노동조합이 나서서 옴짝달싹 못하게 하고 더구나 종교단체까지 전면에서 저항세력을 이끄는 해프닝을 우리는 자주 목격한다.

교육에는 중용이 교육의 중심 가치로 확고하게 위치를 점령하듯이, 정권이 좌파 또는 우파가 들어서더라도 중용은 절대 손댈 수 없게 선생님들이 나서서 방벽을 설치해야 한다. 그 이유는 교육이 중심 없이 이리 저리 쏠리면서 갈피를 못 잡으면, 학생들은 중심을 잡지 못하고 어느 장단에도 맞출 수 없어 미아가 되고 길을 잃게 된다.

미국과 일본이 전쟁을 수행할 때, 가미가제 특공대의 무서운 신념은 일본의 교육에서 비롯된 것임을 우리는 간과해서는 안 된다.

교육은 민족의 미래를 생각하고 우선순위를 정하고 신중하게 접근해야 한다. 민족은 일회성이 아닌 영원한 것이고 현재를 이 땅에서 살고 있는 사람들은 민족의 번영을 책임져야 할 막중한 의무가 있다.

세계적으로 한국은 국부의 축적을 단기간에 이룬 무서운 저력을 가진 민족이다. 어떠한 역경도 도전을 통해 극복하고 이겨나가면서 악착같이 일하는 끈질긴 파워를 가진 민족이다.

교육은 우리 민족의 선두에서 길을 닦고 발전하는 방향으로 이끌어 나가야 한다. 뒤따라가는 교육은 바람직하지 못하며 대표적인 오류이다.

교육을 바라보는 사람들의 이야기를 애써 외면할 필요는 없지만 그렇다고 그들의 비위를 맞추고 타협하는 우를 범해서는 안 된다. 그들은 때때로 우리의 간과 쓸개까지도 요구할 수 있다.

교육자는 사회의 눈치를 봐서는 안 되며 소신 있게 행동하고 처신해야 한다.

생각해 보건대 교육자를 능가하는 사회적 집단은 보이지 않는다.

우리는 학문에 몰두하여 찬란한 금자탑을 쌓았고, 착하고, 순수하며, 때 묻지 않게 모범적인 삶을 사는 사람들이다.

어느 누구도 우리를 얕잡아보고 꼬집고 돌팔매질을 할 수는 없다. 우리는 그런 자들보다 한 수 위에 있다는 자부심이 필요하다.

일부의 언론은 선동가 역할을 하지만 교육은 사람을 만드는 위대함이 있다.

사회에서 활동하는 사람들은 모두 우리가 교육으로 길러낸 사람들이다.

사회 곳곳을 냉정한 마음으로 들여다보면 망가지고, 부서지고, 타락한 모습들을 볼 수 있다. 심지어 종교계 일부에서도 주업보다는 부업에 발을 들여놓고 우리를 기만하는 다양한 모습들이 안타깝지만 눈에 띈다.

인간의 영혼을 아우르고, 아픔을 치유하고, 신에게 나아가 우리를 맑고 깨끗하고, 아름답게 살아가면서 절대자에게 귀화하는 것이 그들이 해야 할 주업인데, 돈에 찌들고, 이념에 물들어 있고, 뭐가 뭔지 도무지 알 수 없는 딜레마 속에서 이중 삼중 인격의 대표 주자들처럼 그들의 일부가 행동하고 있다는 느낌을 받는다.

선생님은 자존심이 강해야 한다. 누가 무어라 비난을 해도, 옳다고 생각하고 바른 길이라고 판단이 서면 앞이 안 보이는 검불도 헤치고 나아가는 독한 마음도 소유해야 한다.

우리 사회는 이익에 쫓아서 반대를 위한 반대를 하는 경우가 허다하다. 배가 산으로 가길 바라는 얼토당토않은 경우도 수없이 많은 것이 현실이다.

세상이 가속으로 변화하고 색다르게 진화하면서 선생님들의 위상도 흔들리고 혼돈의 상태로 빠져든다. 그럴수록 선생님들은 선각자라는 자부심을 가슴에 담고 교육 관련 정보, 미래교육의 방향, 세계가 굴러가는 흐름, 사람다움의 모습 등을 꼼꼼하게 챙겨야 한다.

선생님들은 늘 정보 전쟁의 한가운데에 존재한다. 전쟁의 승리는 적을 알고 나를 알아야 손자병법도 통하고 희열을 맛보게 된다.

학생들이 선생님이라는 호칭을 불러줄 때 왠지 가슴이 떨리고 어깨가 무거워짐을 느낀 시절이 있었다.

선생님은 미래의 길을 끊임없이 모색해 가는 학생들에게 사막의 오아시스 같은 시원하고 달디 단 물을 먹여서 그들의 갈증을 해소시켜야 한다. 그리고 그들의 꿈을 힘차게 응원할 때 교육강국은 더욱 섬광처럼 빛을 발하고 민족의 미래는 탄탄대로를 걷게 된다.

제 **2** 장

학교 교육의 문예부흥

서당 교육의 명암

    나의 고향 새우개 마을은 사교육 기관이라 일컫는 서당이 있어서 마을 인재를 뽑아서 한학 교습이 활발히 전개되었던 앞서가는 마을이었다.

    바람막이 역할을 하는 학미산에 둘러 싸여있는 마을은 동편 마을과 서편 마을로 나뉘는데 서당은 서편 마을의 은행나무와 느티나무 사이에 위치했었다고 한다.

    동편 마을에는 당집이 있어 마을 사람들이 장승놀이에 앞서 제사를 지냈는데 서당의 웃어른인 훈장님이 주관하는 마을의 축제였다고 큰댁 조부님께서 구전(口傳)으로 어린 시절 들려주었다.

    장승은 마을을 지켜주고, 풍년, 풍어 그리고 질병을 옮기는 귀신을 내쫓는데 의미를 둔 행사였다고 한다. 실제로 서당 교육을 받은 영월 엄 씨 여러 어른들이 한학에 깊은 조예가 있었으며 필자에게도 후학을 가르치는 선생님의 길을 걸어가길 권고했다.

    조선시대의 서당 교육은 공교육이 존재하지 않았던 당시에 우리

고향을 비롯해서 전국에서 인재 양성의 산실로 각광을 받았다. 양반 계층의 지식인 자녀나 부잣집 자녀가 아니면 교육의 기회가 주어지지 않았고 서당 근처에도 갈 수 없었다.

서민의 자녀는 가고 싶어도 갈 수 없는, 강 건너 불구경하듯 보고만 있어야 하는 아픔이고 슬픔이었다. 서당에 다녀온 학동들이 글을 읽고 재능을 뽐내는 것을 어깨너머로 동냥한다는 것은 어린 마음에 깊은 상처를 심어주게 된다. 이것은 유식자(有識者)와 서민, 부자와 빈자의 비극임을 가슴에 새기며 통찰해야 한다.

서당 교육의 내용을 구체적으로 서술하면, 강독으로 천자문, 동몽선습통감, 사서삼경, 부교재인 사기 당승본, 당률 등인데 대개 통감 정도에서 학습의 진도가 그쳤다.

제술로는 오언·칠언절구, 사율, 고풍, 십팔구시 및 작문 등이 있었고, 습자는 해서를 위주로 하였으나 학습 정도의 진전에 따라 행·초서를 익혔는데 뒷날 편지글을 익히려는 의도였다.

서당의 교육방법은 글을 소리 높여 읽고 그 뜻을 질의 응답하는 전통적인 교수방법이다.

'조선서당 연구'를 참고하면(한국정신문화연구원 1985) 다음과 같다.

일제 총독부 통계에 의하면 서당 수는 16,540개소이며, 학동 수는 141,304명으로, 교육력을 훨씬 더 늘려서 많은 학동들이 서당 교육의 수혜를 입었으면 조선이 엄청나게 달라졌을 것으로 아쉬움과 함께 가정해 본다.

우리는 조선 시대의 서당 교육을 경시하고 교육 효과에 대한 의구심을 갖는다. 독선적이며, 스파르타식이고, 일방적 완전 학습을 지향하고, 단계별로 학습을 진행하는 것에 답답함도 느껴진다.

그러나 서당 교육은 사설 교육기관이지만 국가의 영향력을 받는 교육의 모태임을 잊어서는 안 된다.

서당 교육은 마을의 재능 있는 아이들을 뽑는다는 원칙이 퇴색하면서 재능여부와 관계없는 부잣집 아이들이 교육에 가세하게 된다. 그것도 남자 위주의 선발이고 여자는 교육에서 제외하는 근시안적인 교육관이 대세였다.

그 당시 여자들을 남자와 동등하게 교육시켰다면 조선 사회가 발전하는데 큰 공헌을 하고 나라도 일본에 빼앗기는 아픔도 없었을 것이다.

여자가 글을 알면 가문이 기운다는 얼토당토않은 이론을 앞세우고, 여자는 시집가면 그만이라는 근시안적인 자세는 비난 받아 마땅하다.

나의 교직 경험으로는 여자는 지적(知的)으로 남자에게 뒤지지 않을뿐더러 응용 능력이나 활용 정도는 훨씬 앞선다고 주장하고 싶다.

여기서 천재 화가 단원 김홍도의, 조선시대 서당 훈장님 모습을 그려보는 것도 의미 있는 일이다. 한복에 도포를 걸치고, 머리에는 갓을 쓰고, 정좌를 한 가운데 회초리를 들고 문하생을 지도하는 모습이 멋스럽다.

행보도 품위 있게 고개를 약간 들고 정면을 주시하며, 팔도 약간 거칠게 휘저으며 속보가 아닌 완보를 하는 모습이 건방 떠는 것이라고 단정해서는 안 된다.

오늘날의 자유분방한 선생님들의 모습을 보면 격세지감이 들고 내 모습을 한 번 더 추슬러본다.

훈장님의 서당 교육의 인재 양성과정을 곱씹어 보며 오늘날의 선생님을 생각해 본다.

전공 분야의 지적(知的)능력은 뛰어나고 발군의 실력을 갖추었지만 인성면에서는 보완해야 할 부분이 많은 것도 사실이다.

선생님의 교직 수행 과정에서, 맛과 멋이 나고, 보람을 느끼는 황금기는 학생들의 커가는 과정을 곁에서 지켜보는 것이다. 또한 그들과 커뮤니케이션으로 소통하며 대화를 나누고 희로애락을 함께 공유하는 시기이다.

선생님은 교감 교장으로 승진하고 싶고 부러움도 없지는 않지만, 사실 그 자리는 책임만 무거울 뿐 무미건조하고, 고독하고, 외로움을 느끼는 한직이라고 할 수도 있다.

담임 시절 내게 맡겨진 많은 학생들이 때로는 벅차고 부담스럽게 느껴지기는 해도, 가까이서 그들을 바라보고, 그들의 이야기를 듣고, 함께 공감하면서, 교사의 역할을 수행하는 것은 행복 그 자체였다.

신경 써야 할 것이 꽤나 많고, 그들이 고민하는 문제의 해결 방안도 찾아야 하는 만만치 않은 역할에 잠도 못 이루고, 눈물을 흘리기도 했지만, 그때 그 시절이 마냥 그립기만 하다.

학생들에게 선생님은 전지전능한 선도자로 각인되어 지혜를 갈구하고 흔들리는 자신을 잘 붙잡아 주길 원한다.

광야에서 어미를 잃고 우거를 찾지 못해 방황하고 울먹이고 있는 어린 양을 생각해 본다. 막연하고 어떻게 할지 판단이 서지 않는 어린 양은 까만 밤이 찾아오면서 맹수의 습격으로부터 자유롭지 않고 배고픔에 어찌할 바를 모르는 방랑자이다. 어미와 새끼가 어쩌다가 떨어져서 서로를 찾아 나설 때의 아픔과 고통은 피를 말리는 전투 상황과 흡사하리라.

교육학자 칼 로저스의 상담이론에서 클라이언트가 상담 교사를 찾아 고충을 털어놓았을 때 무조건적 수용이 필요한 것처럼 선생님은 늘 학생들을 위해 마음의 빗장을 열어 놓아야 한다.
학생들의 눈높이에 맞춰 그 마음을 읽고, 학생들이 바른 방향으로 순항할 수 있도록 길잡이가 되어 주어야 한다.

우리나라 교육이 많은 문제점을 내포하고 있기는 하지만, 초창기 교육이 외국의 본뜨기 교육이라고 규정짓는다면, 지금은 교육의 수준이나 열정이 세계에 내놓아도 뒤처지지 않고 선진화되었다는 것을 우리는 자랑해도 되는 수준까지 치고 올라온 상태라 할 수 있다.

교육의 토착화를 위해 많은 시행착오와 연구를 거듭하여 우리가 미국의 교육에서 영감을 얻어서 발전시켰다면, 지금 미국의 교육은 커다란 문제점에 봉착하여 대수술을 기다리는 환자와 같은 처지에 놓여 고심하고 있다는 것을 외신을 통해 접할 수 있다.

교육의 힘은 그만큼 나라의 미래를 미루어 짐작할 수 있는 등대가 되고 중요요소가 된다.

인간에게 배움이 짧다는 것은 그만큼 능력을 키울 수 있는 기회가 적어짐에 따라 그 능력을 발휘하는 데 있어 제약이 따른다는 것을 의미한다.

학교는 학생의 미래를 열기도 하고, 닫기도 하며, 가치를 부풀리기도, 축소시키기도 한다. 또한 학교의 역할에 따라서 민족의 큰 인재가 되기도 하고, 민족의 누를 끼치는 배반자가 되기도 한다.

학교는 교육의 힘을 학생들에게 강하게 주입시키고, 그들이 가지고 있는 능력을 최대한 발휘하여 자신의 발전과 더불어 나라의 동량이 될 수 있도록 지혜와 슬기를 키워 줄 막중한 책임이 있음을 인지하여야 한다.

서당 교육은 오늘 우리가 하는 교육의 기초이고 주춧돌이다.

교육기법 논쟁

교육현장에서는 오래 전부터 교육의 방법론에 대해서 논쟁이 뜨겁고 지금도 그 논쟁은 전혀 식을 기미조차 없다. 이런 방법이 옳다, 저런 방법이 옳다, 이러쿵저러쿵 말도 많고, 탈도 많아 온몸에 가시가 돋음을 느낄 때가 있다.

이렇듯 교육방법에 있어 논쟁의 소용돌이 속으로 빨려 들어가는 이유는, 진리는 절대적 가치와 상대적 가치가 상존하고, 장점이 있으면 단점이 있고, 완벽한 것 같아도 미진해서 보완할 필요성이 생기기 때문이다.

흔히 고대 그리스 스파르타 교육과 아테네 교육을 예로 들면서 교육기법에 대해 토론을 하면 평행선을 달릴 뿐 명쾌하게 '이것이다'라고 결론의 쏠림 현상이 일어나지는 않는다.

두 교육방법은 인간을 보는 시각의 차이에서 방법론적 접근이 다르기 때문에 우월성과 열등성을 단정 짓기 어려운 것이 사실이다.

쉽게 이야기하면 스파르타 교육은 인간을 강하고 용맹스럽게 부추기면서 도전에 대해서는 과감하게 응징을 하는 대범성에 무게를 둔다고 할 수 있다.

흔히 온상에서 기르는 식물은 매서운 추위를 유리박스로 차단하고 인위적으로 적정한 온도의 유지와 수분공급, 성장의 도움을 주는 거름의 투여, 병 해충예방 등 치밀한 관리가 식물을 잘 성장하게 한다. 그러나 온실 밖으로 나오게 되면 척박한 환경에 적응하지 못하고 주접을 떨면서 잘 자라지 못하고 비실대고 만다.

사람의 성장 과정도 같은 맥락에서 유심히 관찰할 필요가 있다.

네이버 지식백과에 소개된 아테네 교육은 풍부한 교양과 그리고 마음과 몸을 조화롭게 발달시켜 훌륭한 시민을 만드는 것이다.

남자는 7세까지 가정에서 교육을 받은 후 시립 교육기관에서 독서, 수영, 음악, 무용, 문학 등을 심도 있게 배운다.

16세부터는 공립 김나지움에서 신체단련, 도덕적·사회적 훈련을 받고 18세에는 군사훈련, 말 타기, 투석, 마술, 경마, 전차, 경주 훈련 등을 받았다.

아테네도 여성교육을 경시하고 평범한 주부 양성을 위해 낮은 교육의 패턴을 받게 했으니 여성들은 분노했을 것이다.

동·서양을 막론하고 여성교육이 뒷전으로 밀리고 경시되었음은 통탄할 일이다.

아테네 교육은 개인의 성공을 위한 재능개발 그리고 행동의 사람보다, 지혜의 사람, 자유로운 인간 삶의 구현이라고 요약할 수 있다.

고대 그리스의 스파르타 교육은, 남아가 7세가 되면 가정을 떠나 국가 교육장에 들어가 용맹, 인내, 애국, 복종, 강한 체력을 가진 군인 양성을 목적으로 경주와 씨름, 투창과 투원반, 검술과 승마, 수영과 읽기, 쓰기, 셈하기를 학습시켰다.

육체적 결격 사유가 없는 자만이 스파르타 시민이 될 수 있음은 물론이다.

이러한 교육 방법은 무인양성에는 효과가 있었지만, 일반적, 강제적, 조직적 교육 방법으로, 민주적 교육 방식으로는 거리가 먼 옛날 방식임은 분명하다.

갓 태어난 아기가 허약하면 들판에 내다 버려 죽게 하고 건강한 아이만 부모가 7세까지 양육한다. 그들은 배고픔을 견디며 인내하고 나라 사랑하는 방법이 우선이다.

강한 엄마를 위해 여자들도 군사교육을 시키고 건강한 여성만이 전사를 낳을 수 있다고 믿었다.

2000년이 넘은 현 시점에도 교육기법을 놓고 강함과 조화로움의 논쟁이 이어지고 있다.

인간을 교육시키는 것이 복잡하고, 난해하며, 선생님들의 섬광 같은 지혜가 필수적이라는 사실이다.

유아기의 지적(知的) 초기화 과정에서 자극과 반응을 거치면서 영특함이 인간을 지배하게 된다. 거기에 바람직한 변화를 이끌어내고 사회적 동물로 우뚝 서게 하는 것은 교육적 작용에 의해 가능하게 된다.

요즘 부모들의 양육 방법은 예전과는 상이하고 판이한 경향을 보인다.

예전의 부모들은 인간관계(人間關係)·충(忠)·효(孝)·예(禮)·정의(正義)·조국 사랑 등을 중시하는 양육 방법을 선호했다면, 요즘 부모들은 지적(知的)이고 감성적이며, 예술적인 재능과 미래직업 능력을 염두에 두고 그것을 계발하는데 주력한다는 느낌이 든다.

예전에는 굶주리고, 배고픔을 이겨내고, 주어진 역경을 스스로의 힘으로 타개하여 앞날을 개척해가는 것이 누구든지 같은 소망이었다.

그곳에는 강인한 정신력이 뒷받침되어 성공을 움켜쥐고 환희의 노래를 부르는 날까지 큰 걸음으로 정진하는 것이 미덕으로 여겨졌던 시절이다.

지금은 강인함보다는 유연함을 선호하고, 한 우물을 파기보다는, 가능성을 열어두고 다양한 분야를 기웃거리다가 가장 성공 확률이 높은 쪽으로 가닥을 잡고 몰입하는 수순을 밟는 것이 일반적인 경향이다.

부모에게 사랑을 듬뿍 받은 학생들은 온실에서 햇빛이 부족하여 연초록을 띠며 자라는 식물처럼 활기가 부족하고 유아독존으로 나만 알고 남을 배려하지 않는 아이로 성장하게 된다.

앞길을 내가 헤쳐 나가기보다, 누군가의 도움을 받아서 앞으로 나가고, 남과 타협하지 않는 독불장군을 만들고 있지 않은가 의구심이 든다.

부모의 지나친 사랑과 보상, 당근 위주의 교육방법을 재검토해서 시정해 나가야 할 시점이다.

예전부터 사람을 교육시키는 방법론에 대해 많은 교육학자들이 의견을 제시하고 대안을 찾아내고 각각의 의견마다 장·단점이 있는 것은 사실이다.

가정교육의 밥상머리 교육, 소규모 집단의 서당 교육, 대규모 집단의 학교교육에 이르기까지 교육의 내용과 형태는 오랜 세월을 거치면서 진화에 진화를 거듭하고 있다.

교육의 발전 속도가 아기 걸음에서 획기적인 변화의 타종을 울리고 거대한 물결 속으로 우리를 빨아들이고 있다.

인간은 누구나 불완전하면서도 무한한 가능성을 가지고 태어나기 때문에 교육에 의해서 가치 있는 인간으로 성장하는 패턴을 밟게 되며, 교육은 무소불위의 힘을 발휘한다.

교육방법에 딱히 정답은 없다. 사람의 특성에 따라 유연하게 교육 방법을 선택하고 적용해서 나타나는 현상에 따라 교육 방법을 구안하는 것이 가장 좋은 방법이다.

맹모삼천지교(孟母三遷之敎)는 인간 교육에 대해 시사하는 바가 크다.

교육은 하늘을 제멋대로 오가는 뜬 구름을 잡는 것처럼 난해하고, 그 방법론도 각양각색이므로 꼬집어서 이것이라고 단정 짓는 것은 위험하다고 본다.

학생들은 이리 갈지 저리 갈지 전혀 알 수 없는 즉 예측불허의 상
태이다. 럭비공처럼 어디로 튈지 모르기 때문에 선생님은 늘 긴장의
연장상태에서 마음을 조아리고 그들을 지켜보고 활로를 열어주어야
한다.

학교를 바라보는 눈

교직에 처음 입문했을 때 첫 발령 학교는 면소재지에 있는 19학급, 말 그대로 그림 같은 아름다움이 설렘을 안겨주는 그런 풍경이 있는 학교였다.

학교는 비슷비슷하지만 본관 건물 앞 화단에는 연륜을 자랑하는 향나무가 자리 잡고 운동장 둘레에는 미루나무가 매미들의 놀이터 역할을 하는 목가적인 풍경이었다.

교무실 유리창 문밖에 매달려 있는 학교 종은 대단한 위력을 발휘하는 사령관 역할을 하는 것 같았다.

전체 학생집합 모임, 수업의 시작과 종료, 당번 학생이나 교사들의 교무회의 모임을 전할 때, 때마다 다 다르게 약속에 의해 종소리의 내용을 달리했다.

교무실 일을 돕는 급사가 종에 달린 줄을 당겨 종을 치는데 종치는 기법이 남달라야 한다.

불교에서의 종소리는 지옥에 있는 악귀들의 반성과 참회를 위한 울림의 역할을 한다는데, 학교 종은 또 다른 의미를 준다.

교실은 좁은 공간이지만 그곳에서 일어나는 변화의 물결은 어떠한 측정기구로도 잴 수 없을 만큼 어마어마한 일이 발생한다.

머리가 명석한 학생과 형광등처럼 늦은 학생, 몸이 강인한 학생과 허약한 학생, 재능이 뛰어난 학생과 아무 재능도 갖고 있지 않은 평범한 학생, 행동이 바른 학생과 결손이 있어서 행동 수정을 해야 할 학생 등 학교는 다양한 학생들이 눈에 보이지 않는 교류를 통해 거대한 거미줄 같은 인간관계를 형성하고 있는 기적의 장소이다.

교사는 이 모든 것을 아우르면서 교육의 변화를 이끌어내야 한다.

교실 안은 늘 와자지껄하고 학생들의 열기가 용광로처럼 솟아오르는 공간이다. 그들은 덜 익은 과일처럼, 시고, 떫고, 씁쓸하지만, 성숙을 향해 달음박질하는 열정은 대단하다.

학문을 탐구하려는 열정과 자기의 미래와 삶을 자리 잡게 하려는 꿈은 순수하고 아름다우며 진지하기 때문에 누구도 깨뜨릴 수 없다.

그곳에는 학생들의 몸과 몸이 부딪치고, 행동의 모방이 끊임없이 일어나고, 이해관계가 얽히고설키고, 인격의 잣대가 실험되는 곳이다.

좁은 공간이지만 침묵도 있고, 소란도 있고, 우정의 교류도 있고, 시도 때도 없이 심심치 않게 갈등의 대립도 있다.

쉬는 시간에는 시장 바닥 못지않게 떠들썩하다가도 종소리가 교정에 울려 퍼지면 언제 그랬냐는 듯 침묵이 흐른다.

선생님이 던지는 질문과 답변에서 많은 것을 생각하게 하고 그것들은 모두 성장해 가는 과정에서 살아있는 지식으로 세이브하게 된다.

그들의 지식은 함박눈 내리는 날 처음으로 뭉친 주먹크기의 눈에서 굴리면 굴릴수록 살찌고 불어나고 크기를 더해 간다. 그들은 눈사람을 만드는 것과 똑같은 일을 약 20년 동안이나 인내를 감내하며 계속하게 된다.

20년 동안 얻은 지(知), 덕(德), 체(體), 예(禮)의 분량이 나의 밑천이 되어, 좁은 학교 사회에서 대양처럼 넓은 사회로 같은 구성원이 되어 이전투구하면서 나를 명예와 부의 전당으로 키워나간다.

지금 생각하면 교육을 직접 기획하고, 적용하고, 그 결과를 바라보면서 수정하고, 다시 바로 잡으며 실행했던 그 시절이 어쩌면 왜 그리도 시야가 넓지 못하고 편협되어 있었는지 한탄하게 된다.

'지금 나에게 기회가 주어진다면 더 잘할 수 있을 텐데'라고 아쉬워하지만 이미 그런 시간은 다시 돌아올 수 없는 묻혀 버린 시간들이기에, 내 생각을 글로 남겨 후배 선생님들이 나처럼 시행착오를 하지 않도록 작은 등불이 되어 교육의 앞길을 밝혀야 한다고 생각한다.

그런 것을 나만이 알고 말하지 않는다면 똑같은 실수를 후배들이 할 수 있다고 생각하니 마냥 마음 편하게 누워있을 수 없다.

공장은 인간 생활에 필요한 상품을 생산하는 필수적인 공간이다. 공장에서는 정형화된 똑같은 상품을 생산하여 삶의 질을 향상시키는데 쓰인다.

상품의 품질이 동일하게 유지되어야 하며 다름이 있어서는 상품으로의 가치는 떨어지고 소비자에게 외면 받게 된다.

학교는 인간을 만드는 공장에 비유할 수 있다. 그러나 정형화된 인간을 만들어서는 곤란하다. 물론 도덕성이나 인간의 내면에 흐르는 가치관은 같은 수준을 가져야 함은 당연하다.

학교에서 만들어지는 재능이 돋보이고 국가를 유지 발전시키는데 필요한 동력을 갖춘 인재를 양성해야 한다.

정형화된 인간이 아닌 다양한 기능을 보유하고 민족을 일으켜 세울 수 있는 기법을 자유자재로 발휘할 수 있어야 한다.

불의와 타협하지 않는 젊은 기백과 열정이 넘치는 전사를 양성해야 한다.

허약함과 비겁함이 있어서는 결코 민족의 앞마당으로 불러들여 리더십을 발휘할 수 없다.

모든 사회에서 교육을 보는 눈이 얼음장처럼 차갑다. 긍정적이기보다는 부정적인 시각이 압도한다. 칭찬을 하기보다는 질책이 우선한다.

교육자는 이 점을 주목해야 한다. 교육은 격려하고, 이끌어주고, 뒤에서 힘을 보태주어야 신바람이 나는데, 교육을 흥미 위주의 장난감 놀이처럼 자기 멋대로 떡 주무르듯 가지고 놀고 비난을 퍼부어댄다. 그렇다고 같이 맞장을 떠서는 안 되며, 다만 언론에 쓴 소리를 하면서 조언하고 싶다.

학교는 인적 집단이다. 교육의 이해 당사자도, 선생님과 학부모, 교육 집행기관 그리고 어린 학생들이다. 어린 학생들은 민감하고 한 번 상처를 받으면 평생 동안 그를 지배하고 괴롭히고 치유하기 어려운 난점이 있다.

혹여 학교에 문제가 있다고 할지라도 이 문제가 학생들에게 어떤 영향을 미칠 것인가를 신중하게 검토하고 보도를 해야 하는데 그런 것은 아랑곳없고 한번 터뜨리면 나 자신만 클로즈업되고 으쌰하면 된다는 시장바닥의 논리가 그들을 지배하고 있다.

교육은 까다롭고 난해하며 가시적이지 않으며 신중하게 접근해야 함을 다시 한번 음미해야 한다.

학교의 교육활동이 오픈되면서 팽팽한 긴장감이 조성되고 있다.

학생이나 학부모는, 선생님의 교육 활동을 현미경으로 또는 망원경으로 보듯 주시하고 있다.

교실에서 폐쇄적이었던 수업이 낱낱이 공개되고 학교를 발가벗겨도 감출 수도 숨길 수도 없는 상황이다.

학교의 독립성을 훼손하고 학교의 존엄에 도전한다고 주장할 수도 우길 수도 없이 냉정한 평가에 임할 수밖에 달리 방법이 없다.

교육에서 중용(中庸)은

교육을 통해 만들어 갈 인간상의 관점은 교육의 방향과 맞물려 있는 톱니바퀴와 같아서 많은 고민과 토론이 필요하다. 그것은 마치 나무의 묘목을 기르는 과정에서 어떤 모양으로 나무의 형태를 잡고 재단을 해서 꽃을 피워 열매를 맺게 할 것인지를 고민하는 것과 흡사하다.

나무가 성목(成木)이 되었을 때 나무의 모양을 그려서 가지치기와 접붙이기, 거름주기, 열매 솎아주기, 햇빛과 물의 공급, 병충해 방제를 위한 소독, 수확을 위한 준비와 판로확보 문제 등 복안을 가지고 있어야 한다.

또한 계획과 실행, 예상 못한 사태의 발생 시 대처 방법 등을 면밀히 검토하여야 한다. 그리고 묘목에 대해 정성과 열정을 가지고 달인의 수준에 도달해야 전문적인 작목인의 칭호를 받고 실패를 줄일 수 있게 된다.

어린 묘목에서 성목이 되기까지의 과정은 교육도 비슷하지만 교육은 인간을 대상으로 한다는 점에서 더욱 복잡하고 난해하다.

나라마다 교육의 목표는 다르지만 큰 틀은 유사하다. 한국인은 자신이 구상하는 자아성장과 함께, 미래에 그들이 만들어 가는 좋은 세상에 즐겁게 참여할 수 있는 능력 있는 인간이라고 나는 믿고 있다.

우리나라 교육은 홍익인간의 이념 아래 모든 국민으로 하여금 인격을 도야하고, 자주적 생활 능력과 민주 시민으로서 필요한 자질을 갖추는 데 초점을 둔다. 그리고 인간다운 삶을 영위하며 민주국가 발전과 인류 공영의 이상을 실현하는 데 이바지함을 목적으로 한다.

교육은 수치로 찍어내는 교육을 지양하고 형식보다 실질을 추구하며 세상에 존재하지 않는 것에 대한 논의는 교육 외 사항이다.

우리는 백년대계인 교육의 중요성을 인지하고 국민교육헌장을 만들어서 신주 모시듯 했지만, 일본의 교육칙어를 모방하고 시대정신과 배치된다고 헌신짝 던지듯 버려 버린 것은 큰 오류라고 생각한다.
이 오류가 오늘의 교육이 난파선처럼 떠돌이가 된 원인은 아닌지 반문해 본다.
지금 교육받는 학생들은 현실 속에 존재하지만 미래를 지혜롭게 살아갈 학생들이다. 그들에게 선인들의 피땀 어린 노력에 의해 가난을 극복하고 번영을 구가(謳歌)하면서 살아가야 함은, 우리가 분명히 각인시켜 주어야 한다. 그러나 밝은 면보다는 어두운 면을 들춰

내서 그게 전부인 양 왜곡 교육을 일삼는 일을 그냥 보아 넘겨서는 안 된다.

우리 학생들은 어느 한 쪽으로 치우치지 않는 균형 감각이 뚜렷하고 평형성이 있는 아이들로 성장시켜야 한다.

어떤 물건을 저울에 달았을 때 반드시 평형을 유지해야 하는 이치와 같다고 할 수 있다.

세계 경쟁의 격랑 속에서 그들이 살아남기 위한 지혜와 방법을 똑바로 가르쳐야 한다. 거짓 정보는 또 다른 거짓을 낳고 멸망에 이르는 지름길이다.

그들이 철 지난 사회주의 노선에 사상적으로 무장시키는 것은 그리 중요한 일이 아니다. 어차피 세상에서 평등성은 인위적으로 만들 필요가 없다.

자기가 가야 할 길 자기가 결정하고 그 책임은 자기가 지기 때문이다.

나아갈 방향이 분명함에도 불구하고 인위적으로 호도하면서 제멋대로 틀어버리려고 함에 놀라움이 앞선다.

진실을 왜곡하고 거짓을 호도하면서 착각에 빠져들게 함은 교육자 모두를 매도함과 무엇이 다르겠는가?

오늘날 학교는 사상적 딜레마에 빠져든 느낌이다. 사상은 인간이 살아가는 과정에서 지적(知的) 판단이 되는 것은 맞지만 삶의 전체를 좌지우지하지는 않는다.

학교의 사상 교육은 여름날 더위를 식히는 소나기 정도로 생각해야 한다. 어느 한 쪽으로 치우치는 사상 교육의 종말은 평형을 잃은 장애인을 만드는 것이다.

우리들의 귀중하고 보배로운 학생들을 교육함에 있어 교육의 으뜸은 중용인데 어느 한 쪽으로 치우치는 것은 매우 위험한 발상이다.
그들이 살아갈 날들은 하루 이틀 한두 해가 아니다. 수십 년 동안을 그들은 생각하고 행동하며 무엇이 옳고 그른지 진실과 거짓을 균형 있게 판단하는 능력을 길러주어야 한다.
편향된 시선으로 한 쪽만을 바라보는 사람으로 그들을 교육시키는 것은 범죄 행위나 마찬가지이다.

교육은 중용이 중요하다는 것을 오랜 세월을 두고 위대한 철학자나 교육학자들 우리의 선조들이 강조해온 것이다.

중용은 동양 철학의 기본이 되는 개념으로 사서의 하나인 중용에서 말하는 도덕론임은 누구나 알고 있다.
중(中)은 지나치거나 모자라는 것 없이 도리에 맞는 것이며 용(庸)은 평상적인 것을 의미한다.
중용(中庸)이라는 책은 유학 경전인 사서의 하나로 공자의 손자인 자사(子思)가 지은 것으로 알려져 있다.
중용은 어느 쪽으로도 치우치지 않으며 바뀌지 않는 진리를 말한다.

중용(中庸)은 도(道)를 근간으로 하는데, 인간의 본성은 천부적인 것이기 때문에 인간은 그 본성에 따르지 않으면 안 된다. 따라서 본성을 쫓아서 행동하는 것이 인간의 도(道)이며 도를 닦기 위해서는 궁리가 필요하다. 이 궁리를 교(敎)라고 한다.

중용(中庸)은 이 궁리를 연구한 책이다. 선생님들은 이 책을 필독해야 하며 교육 현장에서 금(金)과 옥(玉)처럼 가슴에 색인 해야 한다.

공장에서 어떤 상품을 만들 경우에도 그 상품의 용도가 무엇이고, 그 상품을 만들기 전에 설계 도면이 나오고, 설계 도면에 의해 공정 과정이 정해지고, 숙련된 노동자가 재료를 투입해서 열정을 쏟아 부어야 한다. 불량품이 나오지 않도록 공정 과정에서 세심한 주의를 기울이고, 문제 발생 시에 수정 과정에 대해서도 신속한 대책도 마련되어야 한다.

상품도 그러할 진데, 사람을 기르는 것은 계획-실행-평가 과정이 복잡하기 때문에 세심한 주의를 기울여야 한다.

경쟁 속에서 이기고 지는 것은 본인의 책임이다. 게으르면 가난해지고 부지런하면 얻는 것도 많다. 머리를 올바르게 굴리고 이재의 방법을 구안해서 실천하면 그에 합당한 부(富)가 나오는 것은 당연한 이치이다.

국가란 그런 사실을 조장하고 불법 부당한 행위를 근절시키는 선에서 지킴이의 역할만 하고 모든 것을 그들에게 맡겨야 한다.

국가는 중용 즉 가운데 자리를 지키는 것이 핵심 역할이다.

국가가 나서서 지나친 간섭이나, 공짜 나눠주기식 정책이나 시행
한다면 누가 열심히 일해서 잘 살아보려고 하겠는가 말이다.

서당 교육에서 시사점을 얻고, 일제 식민지 교육의 잔재가 스며들
고, 건국과 함께 미국교육 방법의 도입으로 모방을 계속하면서 한국
교육은 이리 비틀 저리 비틀거렸음을 부인할 수 없다.

그러나 선생님들의 저력으로 이제는 세계교육 시장에 내놓아도
손색이 없을 정도로 세계교육의 앞자리에 있다. 그런데 가장 중요한
교육의 중용이 흔들린다면 한국교육은 뒷자리로 밀려날 것이다.

사색교쟁(四色敎爭)

한국사나 세계사 수업시간이 늘 기다려지는 것은 역사적 사실에 초점을 맞추어 들여다보고 음미하는 재미가 깨를 볶아서 씹으면 고소함을 느끼는 것과 유사하다. 더구나 선생님의 강의는 원론이 훼손되지 않는 범위 내에서 픽션화와 각색을 하면 그야말로 꿀을 발라먹는 것처럼 달콤하다.

역사시간에 반우(伴友)들의 토론의 열기가 뜨거웠던 것의 하나는 조선 정치사의 발목을 잡았던 사색당쟁에 관한 갑론을박이었다.

붕당으로 나라가 혼란에 빠져 뒤죽박죽되건 말건 정파의 이익을 위한 극한 대립의 날을 세웠던 최고의 지식인들의 행태는 비난 받아 마땅하다.

그렇지만 부정적인 면을 지나치게 강조해서 독박을 씌우기보다는 그 이면의 긍정적인 면이 없었을까를 생각해 보면 불편했던 마음이 누그러지기도 한다.

그 예로 어떤 사안에 대해 군소리나 잡음 없이 일사분란하게 처리하는 것도 필요하지만 여러 갈래 길을 감안하는 것도 의미가 있다. 그리고 그 길에서 기발한 묘안이 발견되어 정해진 길로 갈 때보다 재미도 있고 얻는 것도 많을 수 있기 때문이다.

사색당쟁은 조선사회를 분열시키고 마침내는 조선을 멸망시키는 빌미를 제공한 악의적인 붕당 행위인 것을 부정할 수는 없다.

파벌정치는 오랜 시일을 두고 뿌리 내려서 지금까지 면면이 이어져 오고 있다. 한국은 물론 일본에서도 파벌은 현실정치를 조정하고 이합집산을 거듭하고 있다.

어떤 사람이 건전한 방향으로 흐르면 상호작용을 일으켜서 긍정적인 결과도 가져오지만 대부분은 극한 대립으로 막장까지 도달해서 그 폐해가 심각한 후유증을 가져오기도 한다.

어느 파벌이 집권하면 상대방을 제거하려는 작전도 펼쳐진다. 잘했건 못했건 모함이 앞서고 나중에는 부관참시까지 행하는 비인륜적인 행태도 어쩌다가 일어난 것을 우리는 기억한다.

지금도 좌파와 우파의 싸움질은 대한민국 건국 초부터 70년간 밀고 당기면서 국익을 우선하기보다 파벌 이익을 위해 피 터지는 전투가 진행 중이다.

교육도 어느 한쪽으로 치우치지 않는 중용을 추구해야 함에도 좌 클릭 우 클릭을 계속하고 있다. 이는 한쪽 눈을 멀게 하고 한쪽 귀를 듣지 못하게 하고 한쪽 다리를 쓰지 못하게 만드는 천부당만부당한 위험한 일이다.

정신적 장애가 있는 아이들이 사회로 쏟아져 나와서 그 아이들이 어떻게 살아갈지를 생각해보면 소름이 끼쳐지지 않는가 생각해 보라.

지적(知的)으로 온전하지 못함도 유전이 되어 이 나라는 장애가 심한 국민들이 사는 정신적인 장애 공화국이 되면 누가 책임질 것인지 심각한 일이다.

나라가 풍전등화의 위기에 몰려도 나 몰라라 하는 방관자가 되어서는 안 된다. 옳은 것은 옳다고 하고 그른 것은 그르다고 말해야 한다.

제례를 두고도 남인과 북인, 동인과 서인이 날을 세우고 이렇게 하자 저렇게 하자고 주장만 했지 차별화에 인접하지는 않고 고집만 부린 것이다. 얼마나 안타까운 일인가.

백성은 안중에도 없고 자기 생각에 자기 배만 부르면 그만이라는 생각이 압도하기 때문이다.

사색당쟁의 결과는 불을 보듯 뻔한 일이다. 사색당쟁의 결과에 몰입하여 나라가 혼란에 빠지고 백성들은 먹을 것이 없어 자식들의 끼니를 걱정해야 함을 누구를 원망해야 하는가.

나라가 중심을 잡고 가야 할 길을 잃은 것은 왕의 나약함과 사색당쟁에 이성을 잃은 고관대작들이다. 그들은 역할을 잊고 책임을 회피한 죄인들이다.

일본은 그 멀리서도 조선의 상황을 간파하고 무기를 만들고 칼을 갈면서 임진왜란을 일으키지 않았는가? 추풍낙엽처럼 활 한번 써보지 못하고 백성들은 죽건 말건 피난길에 오른 왕의 처참한 모습은 우리에게 무엇을 암시하는가?

임진왜란이 끝나고 왜군들의 성노예로 태어난 아이들이 이십여만 명 정도라는 비사(秘史)가 있다. 그 사실을 숨기려고 여기저기서 아기들을 살해하고 그런 비극의 심각성을 깨달은 조정에서 아이 살해를 금지하는 칙명까지 선포한 것을 역사는 증명하고 있다.

당쟁에 휘말리게 되면 자기의 생각은 뒷전으로 밀리거나 의사 결정의 제약을 받고 수정을 강요당하게 된다.
파벌에 소속되어 같이 갈 수밖에 없는 운명에 놓이게 되면 어쩔 수 없는 선택을 할 수밖에 없다.
사색당쟁을 잘만 운영하다 보면 생각의 다양성이 노출되기에, 어떤 결정을 할 경우 Yes 아니면 No, 즉 둘 중의 하나에서 경우의 수가, 셋 또는 넷으로 생각의 폭을 넓힐 수 있는 장점도 존재한다.

어떤 사안의 논의 과정에서 대립되는 개념이 협의 과정을 거치면서 조정하게 되고 더 나은 방안을 찾는 데도 도움을 줄 수 있다. 그런데 조선의 사색당쟁은 권력의 전부를 차지하느냐, 상실하느냐의 극한 대립으로 대치했기 때문에, 무조건 찬성, 무조건 반대의 길밖에는 달리 조정과 타협과 합의는 없었다고 봐야 한다.
사익에 앞서 국익을 먼저 고려하고 그 범위 안에서 정책을 놓고 다투어야 함에도 정권의 취득과 상실을 놓고 싸웠기에 그 폐해는 심각하고 나라가 위기에 몰리는 결과를 낳았다는 것이다.

교육계는 말도 많고 탈도 많고 어떤 문제를 놓고도 백가쟁명(百家爭鳴)이다.

최고의 지식인들의 집단이고 어느 분야에서도 감히 따라올 수 없는 석학들이 포진하고 있는 교육계지만 국가예산을 30% 정도 가져와 사용한다고 눈총을 받기도 한다. 그러나 교육계는 착하게 사는 사람들, 진실의 대문을 열어 놓고 살아도 아무 탈이 없는 사람들, 어린 학생들 키움에 열정을 다하는 사람들이다.

교육강국으로 가는 길은 교육계는 흉도 보지 말고 시빗거리도 만들지 말고 싸움을 걸어와도 의연하게 고개를 돌려 옆을 보지 말고 앞으로 나아가는 군자의 호연지기를 지켜나가야 한다.

오늘날 교육계가 말 많은 것은 발전을 위한 홍역이라고 돌리면서 다만 배가 산으로 올라가는 우스꽝스런 현상이 나타나지 않도록 우리의 지혜와 슬기를 모아가야 한다. 그리고 교육강국으로 가는 그 길은 학생들에게 역사를 조명해보고 교훈을 찾아내서 미래를 여는 타산지석으로 삼을 수 있도록 도움을 주어야 한다.

과거로 묻혀버린 역사 속에는 보물도 숨어있고 아이디어도 무궁무진하다는 것을 일깨울 필요가 있다.

앞사람이 잘못한 것을 되짚어보고 똑같은 잘못을 저지르지 말아야겠다는 반성의 기회는 바람직하지만 잘못한 것을 재생해서 보복이 따라붙으면 개운치 않은 냄새만 피우게 된다.

보복은 또 다른 보복을 낳게 되고 그러한 악순환은 멈추지 않고 계속되어 가게 된다. 과거는 과거로 존중되어야 한다. 사색당쟁이 보복이라는 무서운 카드를 뒤에 숨겨 놓았다면 이는 반드시 거둬들여야 한다.

독일의 철학자 헤겔은 논리학에서 모든 현실과 역사의 전개 과정을 유-무-생성의 원리인 변증법으로 파악한 학자이다.

변증법은 정(긍정)·반(부정)·합(부정의 부정)의 형식이다. 이렇듯 진리는 고정되어 있지 않고 시간에 따라 발전하며 드러난다는 사실을 보여준다.

전후 일본을 세계 일류국가의 반열에 올려놓은 것은 자민당 내의 다양한 파벌들 간에 뚝심 그리고 견제와 협력 내림과 얻음으로 가능했다는 것을 간과해서는 안 된다.

점수 그 가능성의 예언

학창시절에는 예전이나 지금이나 시험이라는 부담스러운 손님이 그림자처럼 따라다닌다. 본시 학습 평가, 주말학습 평가, 단원 평가, 월말 평가, 중간 평가, 기말 평가, 학년 말 평가 등이 우리에게 부담을 주고 압박을 가하고 괴로움 속에 머물게 했다. 그런 걱정으로 끝나는 것이 아니고 점수가 스트레스를 주고 때로는 공포감에 사로잡혀 식욕감퇴는 물론 편안한 수면을 방해하는 요인으로도 작용했다.

각 교과목에 대한 평가 결과는, '수·우·미·양·가'로 매겨져서 성적표가 손에 쥐어지는데 이를 보면 마치 나를 발가벗겨 놓는 것 같이 가슴이 철썩 내려앉고 밀물과 썰물처럼 내 마음은 요동을 치면서 갖가지 잡념이 순간적으로 나를 지배했다.

내 능력이 이만큼 밖에 미치지 못하는가에 대한 자괴감과 내가 이렇게 공부를 못하는가에 대한 자책, 나는 열등하고 미래가 없는가? 등등 나에 대한 실망과 함께 부끄러움으로 치를 떨게 했다.

가정 통지표는 내 선에서 끝나지 않고 가정으로 배달되어 여지없이 부모님과 일전을 치를 마음의 준비를 단단히 해야 한다. 부모님 또한 가정 통지표를 보고, 내 새끼가 이 정도밖에 안 되는가에 대한 실망감으로 만감이 교차하고 가슴에 못을 박게 된다. 모든 것이 내 탓이라고 가슴을 치고 아픈 마음을 쓸어내려도 얼마 동안은 충격을 벗어날 수는 없는 노릇이다.

학창시절에는 누구나 시험을 치르고 나면 해방감에서 기쁨의 맨 꼭대기라고 할 수 있는 클라이맥스의 환희를 맛보기도 하지만, 시험지 답안 작성이 왠지 찜찜한 상태로 마무리되면 생리현상을 해결하다가도 중간에서 접은 것처럼 기분이 묘한 경우를 겪게 된다.

그 상황이 머릿속에서 사라질 듯하다가도 다시 재생되고, 되뇌게 되고, 이렇게 답할 걸 하고 후회도 하면서 기분은 뒤죽박죽 만신창이가 된다.

더군다나 객관식 문제의 답은 명명백백해서 주관식 답안의 작성처럼 교사의 관점에 따라 점수 부가가 이루어지지 않기 때문에 잘못 답한 것에 대한 미련은 지울 수가 없게 된다.

시험을 앞두고 학생들은 본격적인 시험 준비에 돌입하게 된다.

시험 과목별로 마스터 계획을 수립하고 꼼꼼하게 학습 계획을 수립하여 시험이 망쳐지지 않도록 최선을 다하지만 시험문제가 엉뚱한 방향으로 출제되면 난감하고 어려움을 겪게 된다.

시험을 치를 때도 커닝을 예방하기 위한 감독 선생님의 매서운 눈

초리를 피해가며 조금이라도 옆 친구로부터 힌트를 얻어내기 위한 무언의 경쟁은 시험시간 내내 긴장감을 가지게 된다.

시험 과목에 따라서는 약간의 힌트를 주는 친절한 선생님이 있는가 하면, 시험 범위를 뛰어넘어 문제를 출제하면 아연실색할 수밖에 없는 경우도 생기게 된다.

고교시절 괴팍한 선생님이 시험문제를 고난이도로 어렵게 출제하는 것이 빈번해서, 우리들은 백지동맹을 맺어 커다란 분란이 생겨서 재시험을 치른 일도 생각이 난다.

평가는 반성의 기회를 제공하고, 자기의 수준과 위치를 확인하는 계기를 마련하는 순기능도 하지만, 반대로 역기능으로 큰 상처를 받을 수 있고, 의기소침해질 수도 있는 부작용도 동반한다. 특히 열등감을 심어주고 부추길 수 있다는 점을 감안할 필요가 있다. 내가 이 정도밖에 되지 않는다고 판단하여 밥그릇을 엎어버릴 수도 있는 개연성이 따른다는 것이다.

평가는 줄서기를 강요하는 잣대가 되기도 한다. 그 줄 세워진 등수는 사회에 진출해서 직장 생활에 그대로 맞아 떨어진다고 할 수는 없다.

사람이 가진 능력의 다양성이 직업에 따라 효율적으로 발휘할 수 있기 때문이다.

평가는 일정 시점에서 본 평가자의 견해라고 보는 것이 타당하다. 또 다른 시점에서 보거나 환경이 바뀌었을 때에는 전혀 다른 경향을 보이거나 유사하거나 더 나빠지거나는 예측할 수 없는 것이다.

내가 가르치는 과목을 배우는 학생들에게, D나, E, 양, 가를 주지 않으려고 무던히도 애쓴 적이 한두 번이 아니었다. 더구나 양, 가를 주면 그 학생들은 얼마나 비관에 빠져 절망할 것인가를 생각하면 가슴이 아팠다.

중간고사, 기말고사를 앞두고 학생들은 선생님께 시험 범위를 정해달라고 요청하거나 문제에 대한 힌트를 달라고 조르는 것은 다반사이다.

시험을 앞두고는 수업 진도를 나가도 머릿속에 쏙쏙 들어오지 않으니 시험공부 할 시간을 달라고 닦달을 해대기도 한다.

이럴 경우 선생님이 흔들리게 되는 것은 예전에 학창 시절을 떠올리며 똑같이 겪었던 일이 눈앞에 아롱거리며 갈등에 빠져들게 된다.

답안지 채점을 하다보면 교사는 수업의 내용, 수업 기법 등 학생들이 작성한 답안지를 보며 많은 생각에 빠져들게 된다.

학생들이 충분히 알아들었을 것으로 단정한 것들이 오답률이 높으면 본시 학습에 구멍이 뚫려있음을 입증하기 때문이다.

교사는 의외의 결과를 놓고 여러 관점에서 해석을 하고 평가 결과를 차후의 수업에 임하는 자세를 설정하는 Key를 찾게 된다.

평가는 학습이 종료된 후에 학습자가 학습 목표에 도달한 정도를 측정하여, 차시 학습은 물론, 교사의 티칭(Teaching)에 대한 방법론까지 다양한 정보를 제공하기 때문에, 평가를 해태하거나 소홀히 할 수 없는 노릇이다.

평가 문항의 작성도 교사에게는 큰 짐이 되었던 것을 잊을 수가 없다.

핵심적인 학습 요소를 어떠한 방법으로 출제하여 객관도, 신뢰도, 타당도를 높일 수 있는가를 고려하여야 하기 때문에 시험 출제 기간에는 밥맛도 없고 오랜 시간 지혜를 짜내야 하는 고충도 상당한 것이다.

대학을 졸업하고 첫 학교에 발령을 받아 부임했을 때는 평가 문항의 작성도 난감할 수밖에 없었다.

대학에서 문항 작성 기법을 배웠다고는 하지만 현장에 가면 배운 것을 까맣게 잊고 선배 선생님들이 하는 것을 보고 배울 수밖에 달리 방법이 없었던 것은 부끄럽기만 하다.

사람이 사람을 평가한다는 것은 참으로 난해한 일이다. 평가에 대해 많은 공부를 하고 경험을 축적했다고 자부하지만 자칫하면 오류가 발생하는 것을 막을 수는 없다. 그 오류는 그냥 묻혀버리기 때문에 문제가 되지 않을 따름이라는 것은 평가자인 교사가 너무나 잘 알고 느끼고 있는 것이다.

아이들이 발달과정에서 일시적으로 뒤처지고 정상 궤도를 밟지 못한다 해서 교사의 편견으로 무시하거나 가능성이 없는 식으로 단정하는 것은 매우 위험한 일이다.

교육은 번갯불에 콩 볶아 먹듯 단기간에 어떤 것을 얻어내는 것이 아니다. 가능성이 있는 수많은 학습자가 미래에 일어날 상황을 미리

겪어보는 것에 불과하다. 따라서 합리적이고 어려움을 멋지게 헤쳐 나갈 수 있는 지혜를 끄집어 낼 수 있도록 선생님의 배려가 필요하다. 점수에 큰 의미를 두기보다는 가능성에 무게 중심을 두는 것이 교육의 매력 있는 제스처이다.

천재 · 둔재를 가른다면

한국인은 만 6세가 되면 누구나 취학통지서를 받고 초등학교에 입학해서 생애 첫 교육을 시작한다. 이것은 예사로운 일이 아니라 대단한 사건이다.

놀이와 경험 중심의 초등교육과정은 어중이떠중이 가릴 것 없이 아름다운 추억의 단락으로 평생 동안 잊지 못해 화제가 되고 재생을 거듭한다. 이어서 중·고교는 예전과 달리 입학시험을 거치지 않고 학교 배정 원서에 의해 인근 학교에 발을 들여 놓는다.

사람에 따라 차이는 있지만 사춘기라는 인생의 폭풍기를 겪으면서 다양한 교육과정을 통해 자아실현의 가능성을 활발하게 모색하고 미래를 실험한다.

초등학교가 학습의 압박감이 미미했다면 중·고교는 학습에 대한 부담과 시험의 쇠사슬에 묶인 채 앞으로 또 앞으로 전진할 것을 강요받게 된다.

대학 입학은 중·고교시절 자신의 노력 정도에 의해 결정되는 기기묘묘한 특성을 가진다. 직업의 세계로 연결되어 있는 대학교육과정은 본인의 의사와 관계없이 대학 배치 예정표에 의해 옴짝달싹 못한다.

로또복권이나 주택복권처럼 의외의 행운이 작용하지도 않고 내가 대학에 대입시키는 것이 아닌, 대학이 나를 대입시키는 얼토당토않음과 아이러니컬함을 겪을 수밖에 없다. 그러기에 대학 졸업 후 전공과는 무관한 다른 길을 걷는 사람이 증가하고 있다.

앞에서 학교에 입학하는 것을 하나의 큰 사건으로 규정한 것은, 학교에서 또래들과의 인간관계가 성립되고, 맺어지고, 발전하면서, 삶의 지혜를 터득하고, 그것을 적립해 나가기 때문에 하는 말이다. 따라서 선생님과 학교는 그들이 미래에 대한 꿈을 태동하게 하고 그 꿈을 키워나가도록 지도하고, 이끌어주고, 격려하고, 힘을 실어주는 것이 중요한 몫이고 역할이라고 할 수 있다.

학교는 학생을 엄청나게 변화시킬 수 있는 가능성이 살아 움직이는 신성한 장소이다.

나는 선생 초기에는 대학에서 습득한 티칭(Teaching)기법이 현장에서 잘 먹혀 들어가지 않음에 당황도 하고, 고민도 하고, 의문점도 많았다. 그런데 경험을 바탕으로 점진적으로 적응해 나가면서 뭔가 보이기 시작한 것은 여러 해 시간이 흐른 뒤였다.

학생들은 정상분포곡선이 가리키는 것처럼 보통 수준이 대부분이고 또 그들은 도토리 키 재기 수준일 뿐이다. 다만 천재 성향과 둔재 성향의 학생들이 혼재되어 있어서 그들에게 지도 과녁을 맞히는 것이 선생님들은 혼란스럽고 어려움에 봉착하게 되는 것이다. 그렇지만 학교에서 선생님이 학생을 대면할 때에는 편견은 머릿속에서 지워야 하고 위험하다는 것을 늘 염두에 두어야 한다. 왜냐하면 선생님은 인간 가능성을 발견하고 키워주는 일을 전문으로 해야 하기 때문이다. 따라서 정상분포곡선을 떠올리면서 학생 하나하나에 지도기법을 구안하기 위한 나름대로의 전략이 있어야 한다.

인류의 역사를 살펴보면 지식의 체계를 수립하고, 독특한 기술을 개발하고, 위대한 문명을 건설하는 주된 역할은 그 시대에 소수의 천재들에 의해 이어져오고 이어져가고 있다. 그렇지만 신은 어느 특정인에게 재능을 몰아서 주지 않고 다수에게 골고루 분산시키고 쪼개어 준다는 것을 감안해야 한다.

인간은 잠재의식 속에 자기의 재능이 숨어있다는 것을 모르고 살아간다. 어려서부터 천재성을 발휘하는 사람들도 있지만 대부분은 전문적인 능력을 발휘하기까지는 생후 30년이 지나야 재능을 발휘할 수 있다고 본다.

천재는 보통 사람보다 월등한 재주나 재능을 가진 사람으로 창조성, 독창성, 연구성, 개발성, 응용성 등이 뛰어나다.
우리는 많지 않은 천재들 덕분에 생활의 불편함을 많이 느끼지 않고 편리한 생활을 이어갈 수 있다. 그들의 피나는 노력으로 인해 얻은 결과물이 인간 생활을 윤택하게 하고 즐거움을 맛볼 수 있음을 우리는 가끔 잊고 산다.

나는 초등학교, 중·고교, 대학교, 대학원의 학부과정을 거치면서 내 주변에 천재에 가까운 사람들을 만나고 친구가 되면서 성장 과정을 지켜보았다.

교원이 되어 제자들을 주의 깊게 관찰하면서 남과 비교할 수 없을 정도로 두뇌가 명석하여 천재라고 불러도 손색이 없는 학생들의 성장여부를 체크해 본 적이 있다. 그런데 이상하게도 그 천재성을 가진 사람들이 사회에 진출하였을 때 그렇지 않은 사람들과 비교해 보면 실망감이 앞선다.

의외로 그들의 성공 확률이 생각보다 높지 않고 때로는 천재성이 그의 발목을 잡아 둔재로 추락하는 경우도 드물지 않게 목격하였다.

왜 그럴까를 곰곰이 생각해서 얻은 결론은 천재성 즉 자기 두뇌를 너무 뛰어나다고 믿는 것이 화근이 되어 노력을 게을리하고 과신으로 인해 정체되고 있음을 느끼지 못하는 것이 문제이다.

또한 주변에서 큰 기대를 걸다 보니 자기는 열심히 하는데도 한 것만큼 결과물이 신통치 않을 경우에 좌절에 빠져들게 된다는 것이다. 그리고 발달 과정이 앞당겨져서 남보다 성장이 일찍 온 후 정체기에 접어들 수 있다는 가능성에도 무게를 싣게 된다.

인류의 문명은 다수 천재들의 집합에 의해 발전을 거듭하고 번영을 구가할 수 있었다. 그러나 이를 뒷받침한 보통 사람들의 공헌도 무시할 수는 없다.

천재들이 앞에서 이끌었다면 보통 사람들은 뒤에서 밀면서 리더가 꽃 피울 수 있도록 함께한 것도 인정을 받아야 한다.

학습에 늦다고 또는 뒤진다고 얕잡아 보는 것은 위험하다. 인간 가능성의 폭발은 언제 일어날지 모르는 가변성을 가지고 있기 때문에 학습의 우·열 정도로 단정 짓지 않아야 한다.

사람의 두뇌 발달 정도를 측정하는 것은 IQ 테스트지에 의해 행해진다. 사람이 만든 질문지를 일정한 시간에 답을 해서 검사 항목에 따른 평점을 구해서 그 사람의 두뇌가 좋고 나쁨을 가름한다. 이 검사를 신뢰도, 타당도, 객관도가 높다고 단정해 버리는 오류를 지적하는 학자는 많지 않았다.

선생님들은 IQ 검사 수치를 친절하게 생활기록부에 기재하고 걸핏하면 이 수치를 인용해서 칭찬도 정성껏 하고 면박도 심하게 하는 어이없는 상황이 교육 현장에서 횡행했던 시절이 있었다.

사람의 두뇌는 창조주인 신의 최대 걸작품이다. 따라서 두뇌의 복잡함, 다양함, 신비함 등을 종이 몇 장의 검사한 수치로 이러쿵저러쿵 결론을 내리는 것은 위험이 따르는 일이다. 검사 수치를 받아든 학생들의 심리 상태는 생각보다 크게 비상할 수 있지만 순간적으로 나락으로 떨어지는 상황이 발생할 수도 있다.

천재와 둔재는 종이 한 장 차이일 뿐 의미가 없다고 보아야 한다. 오히려 경향성에 초점을 맞출 필요가 있다.

발명가 에디슨은 둔재에서 천재로 비상하는 위대함이 이를 입증한다. 그의 천재성의 발현으로 우리들의 생활은 밝아지고 윤택해졌음에 고마울 따름이다.

한민족은 무에서 유를 만들 정도로 저력이 있다. 국민의 결집이 경제강국으로 연결되어 세계인의 부러움을 사고 있는 과정에서 주춤거리고는 있지만 이 또한 이겨 나가리가 확신하다. 기적의 연속성은 빈틈이 생기면 깨질 수 있음을 명심해야 한다.

경제강국에서 이제는 교육강국으로 반드시 가야 하며 교육강국은 우리가 건설해야 할 민족의 시급한 과제이다.

일본이 노벨상을 28명 배출한 밑바탕에는 교육강국이 숨어있음을 깨닫고 일본 교육을 능가하는 한국 교육의 새로운 시스템 구축이 절실한 시점이다. 갈 길이 바쁘기만 한데 우리는 느슨함을 뛰어넘어 여유를 즐기고 있지는 않은지 모두를 반추해 보아야 한다.

학교의 파수꾼

교문은 학교의 얼굴이고 학교를 든든하게 지키는 파수꾼이다. 교문은 여명이 밝아오는 새벽을 첫 번째로 열고 어둠으로 까맣게 색칠한 밤을 맨 마지막으로 닫는다. 교문을 들어오는 학생들은 환하게 맞아들이고 나가는 학생들에게 무언의 손짓으로 환송한다.

교문은 학생들의 희로애락을 하나에서 열까지 표정으로 읽어 파악하고 있지만 드러내 놓고 떠벌리지 않고 침묵으로 일관한다.

따라서 교문은 인내의 왕자이고 교문을 거쳐서 사회로 진출한 졸업생들에게는 든든한 버팀목 역할을 한다.

교문은 이른 아침부터 말끔하게 단장하고 학생들 맞이할 준비에 바쁘게 움직인다. 고정적이고, 폐쇄적이며, 닫혀있는 것 같지만 유동적이고 눈치 빠른 지킴이 역할을 한다.

교문은 학생들이 들락거리며 선생님을 흉보거나, 불만을 토로하거나, 학교의 교육 정책을 따지거나, 비판하기도 하지만, 못 들은 척 인내한다.

교문은 학생들이 기쁨, 분노, 사랑, 즐거움 등을 드러내 놓고 표현하지만 침묵으로 일관한다.

교문은 제 스스로 다른 곳으로 이동하거나 쏘다니지 않고 늘 같은 자리를 장승처럼 지키며 학교의 손님맞이 역할을 충실히 한다.

좋으면 좋은 대로, 싫으면 싫은 대로, 참견하지 않으며 굳건히 제자리를 견고하게 자리 잡고 있는 것이 얼마나 의젓하고 대견스러운가.

우리는 학교에 재학하는 동안 얼굴 한 번 찡그리지 않고 수다를 떨어도 말없이 수용해 준 교문에게 고마움과 따뜻한 응원의 박수를 힘차게 보내주어야 한다.

아이들은 약속이나 한 듯이 교문을 향해서 발걸음을 옮기고 수업이 끝나서 집으로 돌아갈 때에는 교문을 뒤로 하고 안녕이라는 말 한마디 없이 빠져나가기 바쁘다.

교문이 없다면 개구멍으로 드나들거나 담벼락을 없애야 하거나 담벼락을 넘어 다녀야 하는데 말이다.

요즈음 전국의 학교 교문을 둘러보면 예전처럼 좌·우 기둥을 세우고 철문을 두 짝 달아 놓아서 볼품이 없었던 교문이 아니다. 저마다 개성이 돋보이고 특이하게 디자인해서 학교 건물과 어울리고 품위를 높여주는 예쁜 교문이 여기저기서 눈에 띈다.

초등학교, 중학교, 고등학교의 교문이 대학의 교문처럼 규모가 크고 방대하지는 않아도 학교를 경영하는 학교장과 교육을 담당하는 선생님들이 지혜를 끄집어내서 예쁜 교문 만들기 돌풍이 전국적으로 불고 있다. 이는 바람직하고 긍정적인 생각으로 높은 점수를 주고 싶다.

학교 건물도 성냥갑 쌓아놓은 것처럼 멋없이 천편일률적인 건물에서 디자인이라는 개념이 도입되어 예쁘고 아름답고 멋이 드러나는 학교로 바뀌고 있다.

우리 교육이 내적인 면에서 알차고 의미 있는 성장을 하면서 외적인 면에서도 뒷받침하고 균형을 이루어 가고 있다는 것을 단정 짓는 의미 있는 변화이다.

병든 사회문화의 학교 유입은 교문이 버티고 있다 해도 막을 길이 없고 선생님의 힘으로도 어찌할 바가 없다. 오염된 사회문화는 마구잡이로 비판 능력이 부족한 어린 학생들에게 파고들어서 그들이 병들어가게 한 주범이라 생각한다.

마약이 초기에는 환상의 유토피아를 연출하기에 황홀함만 즐겼지만 계속되면 몸이 망가지고 정신이 몽롱해져서 아무것도 할 수 없게 되어 결국은 죽음의 첩경이 된다는 것을 알지 못하다가 나중에는 회한의 눈물을 흘리게 된다.

어른들은 오염된 문화가 유입이 되어도 면역체계가 확립되어 막아낼 방책이 있지만 어린 학생들에게는 아무런 방어책이 없어서 그 폐해는 엄청나게 아픈 자국을 남기고 상처를 더욱 깊게 만든다.

학생들은 미성년자이어서 사회의 오염된 문화가 교문을 넘어 유입이 되면 걸러낼 수 있는 자정장치가 결여되어서 아무런 비판 없이 수용할 가능성이 높다. 그들은 무 자르듯 쑥쑥 커가는 성장의 민감한 시기여서 나쁜 문화에 대한 면역기능도 마련되어있지 않다.

학생들의 문화는 독자적으로 형성된 것이라기보다는, 모방 즉 흉내내기에서부터 시작해서 여러 번의 시행착오를 거쳐야만 자리 잡게 되는 취약성이 있음은 오랜 기간 동안 곁에서 지켜본 나의 결론이다.

어느 학교나 아침저녁에 교문을 나가서 학생과 선생님들이 등·하교 지도를 하게 된다.

내가 교감이었을 때 근무하던 학교는 사사건건 선생님들이 시비를 걸고 문제를 제기하고 시정을 요구하는 바람에 나의 검은 머리가 그 학교에 있는 동안 반백이 되었던 것 같다.

어느 날 교문지도 하는 것을 격려하기 위해 나섰는데 지도 선생님이 흰 고무신을 신고 규율부 학생들과 등·하교 지도를 하고 있었다.

나는 선생님에게 귓속말로 양복에 흰 고무신이 이상해 보이니 구두를 신고 학생지도를 하는 것이 어떻겠냐고 조언을 했다.

선생님은 난색을 표하며 조상의 얼이 숨어있는 흰 고무신이 민족혼을 돋보이게 하는 것이라고 둘러댄다. 나는 그러면 양복을 벗고 바지저고리에 두루마기를 입고 고무신을 신는 것이 좋겠다고 얘기하니 교감 선생님이 그런 것까지 간섭하지 마시길 바란다는 말을 한다. 나는 그때 교감과 교사의 교육의 온도 차이를 실감했다.

선생님들과 학생들은 교문을 두고 숨바꼭질을 한다. 교복이나 부착물에 문제가 있으면 지적받는 것이 싫은 까닭에 학교 담장을 넘나드는 일은 다반사로 일어나고 그걸 단속하려는 선생님들은 닭 쫓던 개 하늘 쳐다보는 식이 될 때가 수시로 일어난다.

지금은 규제 완화가 일상화하여 교문을 통한 생활지도가 자취를 감추어 가고 간섭하기 싫고 간섭받기 싫은 문화의 확산으로 교문의

완전 개방이 실현되고 있다.

교복을 마음대로 고치고, 변형시켜도, 그 누구도 참견하거나, 시정을 요구하지도 않고 이렇게 하는 것이 어떻겠냐고 말을 해도 마이동풍인 세상이다.

내 마음대로, 내 개성대로, 내 뜻대로, 나를 치장하는데, 왜 밤 놔라, 대추 놔라 요구하느냐고 눈을 치켜뜨고 대드는 것이 우리 학생들이다.

싱그러운 젊음 하나로도 어여쁜 시절에 머물고 있는 것이 우리 학생들인데 개성만을 생각하는 일부 학생들은 순수한 아름다움을 추구하기보다는 인위적인 치장에 더 마음을 쓰고 있는 것이다.

규제가 없는 세상, 내 마음대로 살아가는 세상이 유토피아라고 생각하는 세태에서 우리는 가슴에 손을 얹고 재조명해 보아야 한다.

지금은 꿈같은 얘기지만 우리가 학창 시절에는 학생과 산하에 규율부라는 조직이 있어서 교문에서 학생들이 등·하교 시간에 복장 위반이나 학생다움을 단속하는 일을 도맡아서 하고 권한도 부여하여 말을 듣지 않으면 폭력도 있었다.

나도 규율부의 일원으로 시비를 걸고 고약한 행동을 했음을 반성하게 된다. 그 시간에 학습시간을 더 확보하지 왜 가담했는지 지금은 이해가 가지 않는 행동이었다.

학교의 교문은 우리와 희로애락을 같이 했던 첫 관문이고, 학교를 지키는 파수꾼이며, 정다운 친구이다.

청년의 어깨에는

청춘은 인생의 어느 시점을 지칭한다기보다는 마음의 상태에 더 주목할 필요가 있다. 나도 뒤돌아보면 청춘시절에 애늙은이 노릇을 한 때가 여러 번 있었음을 기억한다. 예를 들면 발랄하고 청아한 복장으로 공연히 남의 눈에 확 띄게 보일 나이에 노티가 나는 회색에 나이든 사람처럼 행세한 것이 지금 생각하면 웃음이 난다.

교회에서 크리스마스를 맞아 연극에 참여했을 때도 해맑은 청년들의 역할보다 '노인과 바다'의 주인공처럼 세상의 끝을 향해 달리는 노인이 안성맞춤이었는지 그 역할을 선호한 것에 의문점을 찍는다.

삶의 과정에서 청춘은 철부지 시절을 벗어나서 뚜렷한 자기의 영역을 만들어 가는 혹독한 홍역을 앓는 시기이다.
청춘은 산정에서 남모르게 솟아나는 샘물처럼 신선함이 돋보이고 욕망의 담대함이 끝없이 확장하고 한계를 뛰어넘는 용기가 장군과 같은 시기이다.

그리고 타고난 우월감을 널리 펼쳐 보이려고 안간힘을 다하며 모험심이 그를 지배하여 실패를 두려워하지 않는 강인함이 숨겨져 있다.

젊음은 갈등의 시기이다. 마음이 안정이 안 되고 자주 흔들리면서 어기적거림을 겪게 된다. 이렇게 할까, 저렇게 할까, 이런 것은 어떨까, 저렇게 해도 될까? 등등 선택의 기로에서 망설임이 계속되는 시기이다.

불안정한 상태는 더욱 큰 불안을 만들게 된다. 신경 안정제를 취해도 소용이 없다는 것이 문제이다.

젊음은 불어오는 바람결에 흔들리면서 떨림을 계속하는 나뭇잎과 같이 애처로움을 느낄 때가 많아진다. 별 것도 아닌 것에 울적해지고 흥분되면서 목 놓아 엉엉 울고 싶기도 하고 누군가에게 의지하고 도움을 요청하고 싶기도 하다.

불확실한 미래에 대한 두려움 때문인지 쉽게 해소되지 않는 청춘의 열정 때문인지 조급한 마음에 감정의 변화가 심하게 일어난다.

예전에 의과대학에 낙방한 후, 산속에 있는 초가집 등잔불 밑에서, 공부에 전념하고 있던 어느 날, 갑자기 외로움을 견디지 못해 울음을 터뜨린 일이 있었다. 지금 생각하면 그때의 일을 이해할 수가 없는데, 그 당시에는 어린 아이처럼 막무가내로 울어서 나 스스로 민망하기도 했지만 한편으로는 마음이 후련했던 것을 기억하게 된다.

학교에서 배움은 학생의 특권이다. 나이든 사람들이 교복을 입고, 가방을 메고, 학교에 등교하지 않는다. 나이든 사람은 평생교육이라고 하여 학교를 떠난 제3의 장소에서 배움이 계속될 수는 있다.

청년의 언어는 그들만이 알아볼 수 있는 조형문자를 사용하고 비속어에 익숙하다. 그렇다고 달변가의 입에서 나오는 진실이 결여된 언어이어서도 안 된다. 거짓이 없는 진실이 꿈틀거리고 음미할수록 고소한 맛이 돋아나는 언어를 전개해서 타인을 감동시켜야 한다. 또한 마음을 움직이게 할 수 있는 언어이어야 한다.

일부 정치인이 떠들어대는 얕거나, 떠보거나, 순간적으로 단맛을 주는 그런 말은 작두로 혀를 잘라내듯이 과단성이 있게 버려야 한다.

젊음의 용모는 유행만을 따라가는 것이어서는 안 된다. 유행은 길지 않고 짧으며 언제 사라질지 모르는 가변성만 있기에 배제해야 한다.

수수하면서도 화려하지 않으며 개성이 잘 드러나는 옷이면 그 아름다움이 품위를 높일 수 있다.

개인의 취향에 따라 용모를 가꾸는 것은 자유지만 젊음은 그 젊음만으로도 충분히 아름다울 수 있기 때문이다.

젊음은 방송에 나와서 떠들어대는 유명인들을 닮을 필요도 없고 부러워할 필요도 없으며 자신들의 영역을 잘 개척해 나가는 것이 무엇보다 중요하다. 순수함이 결여된 위장된 모습은 따라 할 필요가 없다.

민태원의 '청춘예찬'은 읽으면 읽을수록 그 수필에서 묻어나는 단 맛이 메아리 되어 돌아오고 가슴에 짙은 여운을 남긴다.

"청춘! 듣기만 하여도 가슴이 설레는 말이다. 심장의 고동소리를 들어보라.
인류역사의 동력이다. 이성은 얼음과 같으며 지혜는 갑 속에 든 칼이다.
청춘의 동산에는 사랑의 풀 이상의 꽃 희망의 노을 열락의 새가 운다.
청춘의 이상은 무한한 가치를 가진다.
석가, 예수, 공자는 대중을 품에 안고 밝은 빛 평화 행복으로 인도하려는 이상이며 그들의 그림자는 천고에 사라지지 않는다.
청춘의 이상은 청춘이 누리는 특권이다.
청춘을 보는 때에 우리는 생의 찬미를 듣는다.
청춘의 황금시대를 영원히 간직하기 위하여 힘차게 약진하고 약동하자."

청년시절은 연인과의 갈등으로 마음 아파하고, 이성에게 호소하면서 눈물도 흐르고, 이유도 선명하지 않은 엷은 싸움으로 입을 닫고, 귀를 막고, 눈을 감고 살 수도 있다. 서로의 오해가 풀리면 뜨겁게 다시 만나서 새끼 꼬듯이 재미있게 엮어 나갈 수 있기도 한 미묘한 시절이다.

청년의 오늘의 모습을 보면, 민족의 미래를 예단하고 유추해 볼 수 있다는 말은, 우리가 어린 시절부터 옛 선인과 선생님들로부터 귀가 따갑게 들어온 이야기이다.

사실 청년의 일거수일투족은 나라와 민족이 부흥할 수 있는가를 결정하는 중요한 기준이 된다.

그들의 생각과 사상, 그들의 양심과 행동, 그들의 겉모습과 속 모습, 미래를 개척해 나가는 의지와 열정 등은 민족의 미래 청사진과 밀접하게 연결되어 있다.

청년은 미래를 이끌어 갈 동량들이기에 머리는 뜨겁고, 가슴에는 열정이 넘치고, 행동은 미숙하지만 정도를 걸어야 한다.

내가 아닌 우리, 우리가 아닌 우리들, 우리들이 아닌 민족을 등에 업고 무섭게 질주할 수 있는 힘의 배양은 필수이다.

청년이 가는 길은 주춤거림이 없고 멈춤이 없고 망설임이 없어야 한다.

조선조 시조 시인 김천택은 "가다가 중지 곳 하면 아니 감만 못하다"고 일깨워 주었다.

청년의 눈빛은 섬광처럼 빛나는 눈빛이어야 한다. 그 눈빛은 가까이를 보는 눈빛이 아닌 먼 미래를 내다보는 혜안이 있어야 한다.

청년의 생각은 평범한 생각에 그치는 것이 아니라, 뉴턴, 에디슨, 이율곡 같은 키트화 된 지혜가 광채를 발휘할 정도로 빛나야 한다.

우리 세대에는 10년 정도의 나이 차이는 트고 놀아도 된다는 논리가 지배적이었다. 겉으로는 형님과 아우로 불리지만 생각은 물론 생활 습관도 대동소이한 범주에서 많은 공통점이 있었던 것 같다.

요즘에는 10년은 고사하고 5년 아니 1년밖에 안 된 나이 차이에도 서로 상이한 문화를 형성하고 있다는 느낌이 든다.

50대 이상이 굶주림을 경험하고 바쁘게 일하느라 문화적 혜택의

밖에서 성장했다면, 삼・사십대는 충분한 영양 섭취와 성장의 혜택 속에서 자유분방하게 영역을 넓혀온 배에 기름이 진 세대라고 할 수 있다. 그리고 십대와 이십대는, 개성을 좇으며 그야말로 환상의 꿈 속을 드나드는 부러울 것 없는 화성인이라 지칭해도 될 듯하다.

아름다움과 추함의 구분, 보는 눈, 볼 줄 아는 눈, 원하는 것은 얻을 수 있는 기회가 많고 맘껏 즐길 수 있는 풍요의 세대이기도 하다. 그런 까닭에 이들은 멋과 맵시를 맘껏 자랑하고 자기만의 개성을 표출하고 패션 또한 다양성을 나타내고 있다.

젊음의 맵시는 어른의 흉내를 내는 것은 의미가 없다. 젊음의 발랄함을 표시하고 돋보이게 해야 한다. 어른 흉내는 애늙은이를 만드는 것이기 때문이다.

기성세대는 먹는 것도 부족한 배고픔을 겪는 세대이니 다른 것은 생각할 겨를도 없었고 가치관도 천편일률적인 누구나 똑같은 세월의 흐름 속에 흘러온 쉰 세대들이다.

우리의 학창시절은 교복 입는 것에 대한 자부심은 물론 그 소속감에 자랑스러웠던 시절이었다. 미니스커트에 대한 논쟁이 뜨거웠지만 무원칙에 제멋대로 막가는 경우는 드물었다.

요즘 학생들의 일거수일투족을 보면 학교가 얼마나 어렵고 딜레마 속에서 헤어나지 못하고 있음을 직감하게 된다.

요즘 젊은이들의 미의 기준은 기성세대와 너무 많은 격차를 보이고 있다. 나는 젊은이들의 미적 감각에 대해 트집을 잡고 꽉 막힌 생각으로 그들을 비난하자는 것이 아니다. 적어도 미의 기준은 이런데 두고 그 범위를 크게 벗어나지 않는 것이 여러 면에서 바람직하다고 말해 주고 싶을 따름이다.

우리 젊은이들이 패션모델을 가감 없이 답습하는 것은 현대를 살아가는 젊은이들이 너무 개성 없이 패션을 선택하는 것이라고 귀띔해 주고 싶다.

중국 조선족 학교의 꿈

중국은 기기묘묘한 자연환경과 13억 인구의 지혜가 번뜩이는 신비의 나라이다. 그들은 세계 문명의 발상지인 황하를 가짐에 큰 자부심을 느끼고 헤아릴 수 없을 정도의 진기한 갖가지 음식과 길고 긴 역사의 소용돌이를 겪으며 구축한 빛나는 문화를 자랑한다.

한마디로 평범에 비범을 더한 미혹의 나라이며 알 듯하면서도 모르는 것이 널려 산재해 있는 세계인이 주목하는 나라이다.

나는 한반도가 중국과 인접하고 있기는 하지만 역사적으로 떼려야 뗄 수 없는 조선족 학교의 이야깃거리들을 되짚어보고 우리가 미래를 준비하는 데 미력이나마 도움이 되길 소망하면서 이 글을 쓴다.

5000년 우리 역사를 되돌아보면 우리는 중국이나 일본에게 침략으로 인한 엄청난 데미지(Damage)를 입고 늘 당하기만 했지 그들을 혼내 준 경우는 별로 없는 것이 안타깝기만 하다.

우리가 긴장의 끈을 잠시만 놓아도 그들은 착한 우리 민족을 괴롭히고 고난에 빠져들게 하고 나라의 운명이 바람 앞의 등불처럼 위태로웠던 시절이 한두 번이 아니었다. 이제는 역사의 희생양이 더 이상 계속되어서는 안 되고 과격하지만 우리도 언젠가는 보복의 칼날을 그들에게 들이대야 한다는 생각이 흘러넘친다.

나는 중국의 동북 3성이라 일컫는 길림성, 요령성, 흑룡강성의 조선족 학교를 방문하면서 한족화의 길을 걷고 있는 조선족의 아픔을 재조명하고 교육을 통한 한민족의 재무장을 일깨우고 아이들에게도 각인시켜 주고 싶었다.

동북 3성은 조선족이 광범위한 지역에 삶의 터전을 잡고 살아가는 옛 고구려와 발해가 만주벌판에서 위세를 떨친 역사와 밀접한 관련을 갖고 있다.

대국이라 일컫는 중국에서 조선족은 그야말로 소수 민족이다.
특히 흑룡강성은 러시아와 몽골 일부와 국경을 맞대고 있어서 전혀 생소한 지역으로 느껴지지만 실제는 한국과 지근거리에 있고 말과 글이 한글을 쓰고 있다는 친근감이 더욱 가슴에 와닿는 지역이다.

조선족 중학교 방문단 일행은, 한국교육이 교육강국으로 가는 과정에서, 중국 조선족 학교교육의 흐름을 파악하고, 우리 교육발전의 정보를 공유하는데 주안점을 두었다. 그리고 한민족의 위대함과 그 가능성을 타진하고, 특히 인적 교류를 통해 우리 민족의 우수성을 지켜나가는데 상호 최선을 다하기로 사전에 합의하고 교류 사업을 이어가기로 하였다.

조선족 학교 방문단은 영종도 국제공항을 출발하여 흑룡강성 성도인 하얼빈으로 향했다. 우선 일본의 이토 히로부미를 저격한 안중근 의사와의 만남이 간절하기 때문이다.

비행기에서 내리니 하얼빈 공항이 지방 공항이어서인지 한국과 중국의 공항모습은 큰 차이가 있었다.

흑룡강성은 중국 북동쪽에 위치하며 면적은 약 46만km²이고 인구는 약 4,000만 명이 거주한다. 동쪽은 러시아와 서쪽은 몽골과 국경을 접한다.

하얼빈의 송화강은 장백산맥에서 발원하여 연장강과 성의 남쪽에서 합류한 뒤 목단강 그리고 흑룡강으로 흘러간다.

송화강은 겨울에 얼음두께가 70∼80cm로 이를 활용해 세계적인 빙등 축제로 세계인의 주목을 받고 있는 지역이다.

우리 일행은 전용버스를 타고 하얼빈 역에서 그리 멀지 않은 곳에, 안중근 의사가 1909년 10월 26일 한국침략의 원흉 이토 히로부미를 저격한 현장을 찾아 묵념을 하면서, 고마움을 가슴에 되새겼다. 역사의 현장에서 길지 않은 시간이었지만 가슴 뭉클함은 잊히지 않았다.

하얼빈 역에서 목단강행 열차에 탑승하니 피로가 엄습했지만 들뜬 마음은 좀처럼 가라앉지 않았다.

하얼빈 역 광장의 중국인들은 인산인해를 이루고 일거리가 없어 초췌한 모습이 눈앞에 아롱거렸다. 자동화는 노동자의 일자리를 빼앗기 때문에 늦출 수밖에 없다는 그들의 고민을 직접 확인하는 시간이었다.

특급열차 차창 밖으로 보이는 중국 농촌의 정경은 목가적이고 논밭이 잘 정비되어 인상적이었다. 달리고 달려도 계속되는 평원이 지루함을 주는 시점에서 목단강 조선족 중학교 출신의 여대생을 만난 것은 신의 배려로 생각되었다.

중국어에 문외한인 우리는 흰 종이에 한자를 서로 써가면서 그 여대생과 대화를 이어가는 데 의사소통은 어려움이 없었다. 우리는 그녀가 대학 졸업 후 방송국의 아나운서가 되려는 꿈에 큰 박수를 보냈다.

특급열차는 약 5시간을 달려 목단강역에 도착했다. 만주 평야를 달리며 우리 선조들이 압록강과 두만강을 넘어 새 삶의 개척을 마다하지 않았던 위대한 국민임을 입증하는 계기가 되었다.

목단강 시내를 가로질러 학교에 도착하니 붉은 천으로 환영 현수막이 붙어있고 대대적인 환영 물결에 감사함보다 놀라움이 앞섰다. 학교의 대강당으로 입실한 우리는 목단강 시 조선족 중학교의 현황을 다음과 같이 브리핑 받았다.

"1945년 9월에 성립되어 56년의 역사를 가지고 있는 목단강 시 조선족 중학교는, 흑룡강성 조선족 중학교 가운데서 건교 역사가 가장 길고, 규모가 가장 큰 중점학교이며, 전 성에서 유일한 흑룡강성 시범학교로 신청한 학교입니다. 학교의 부지는 3만 평방미터이고 건축은 9,370평방미터입니다.

교직원은 132명이고, 학생은 1,730명인데, 고급 중학 11개 학급, 초급 중학 22개 학급으로 총 33개 학급을 가지고 있습니다. 금년 9월 새 학기에는 36개 학급에, 교직원 140명, 학생이 2,000명에 달하게 됩니다.

우리 학교가 오늘과 같이 휘황한 성과를 거둘 수 있었던 것은 중국 공산당의 정확한 영도와 영명한 민족 정책이 있었기 때문입니다. 중국 공산당이 우리에게 본 민족 언어와 문자를 사용할 수 있는 권리를 주었고 민족 학교가 융성 발전할 수 있는 우월한 민족 정책을 주었습니다.

우리 학교의 교훈은 전면, 특색, 구사, 창신이고, 교풍은 애생, 엄근, 구사, 헌신이며, 학풍은 존사, 문명, 근면, 진취입니다."

우리 일행은 연구 수업을 하는 조선어 수업을 직접 참관하고, 한국의 발전상을 탐구하는 사회시간, 우리의 민속 악기 연주를 보여주는 음악시간 등을 돌아보면서 뜨거운 눈물로 동포애를 느꼈다.

그들은 중국 땅에 살고 있지만 한국인의 뿌리를 지키고 이어가려고 불철주야 노력하고 있음이 아름답고 든든하였다.

조선족 중학교 선생님들은 민족적 자존심이 강하고 고구려 후예라는 자긍심을 아이들에게 심어주려고 동분서주함을 미팅을 통해 알 수 있었다. 그리고 민족적 응집력을 발현하여 중국의 한족 못지 않은 자아발전의 틀을 마련하기 위한 교육적 노력을 게을리하지 않았다. 그것은 다음날 우리 일정을 발해의 건국 수도였던 동모산 상경 용천부로 안내함에서도 읽을 수 있었다.

상경 용천부는 영해진의 발해진 경내에 있는데 면적은 16.41km²이다.

발해가 멸망한 AD 927년까지 약 130년간 발해의 수도였던 역사 깊은 유적이다.

충적 평야의 동경성 분지에 위치하며 의성, 궁성, 환성으로 이루어지고, 성벽은 안팎 양쪽으로 돌을 쌓고 양쪽에 흙을 채워 넣었다고 한다.

실제로 발해의 모습이 남아 있으면 좋으련만 유적만 남아있고 출토된 유물들만 전시한 박물관이 전부였다. 우리는 여러 부스를 일일이 돌아보면서 뜨거운 민족의 숨결을 느끼며 만주 땅을 되찾을 날을 마음속으로 기원했다.

조선족은 국적은 중국이지만, 그들의 생활습관, 언어와 문화, 정신적 지주는 한국민족이다. 그들의 일상생활과 옷차림, 사고방식은, 한국을 떠나서는 존립할 수 없다는 것은 잘 알지만 소수 민족의 한족화는 피할 수 없는 현실로 작용하고 있었다.

그들은 예전에는 북한을 선호했지만, 지금은 한국을 더 사랑하고 한국에 갈 수 있는 날을 손꼽아 기다린다는 것이다. 조선족도 아니고, 한족도 아닌 정체성이 불분명한 데서 오는 소수 민족의 설움과 좌절이 공존함은 물론이다.

민족교육을 강화하면서 그들은 민족 간의 융합과 급격히 쇠퇴해 가는 농촌교육의 부흥을 위해 묘안을 도출하지는 못한 것으로 판단된다.

한국에서 장기간 취업해서 돈을 번 조선족 사람들이 증가하는데, 그들은 생산성 투자가 아닌 오락 소비에만 몰두하고, 노동의 중요성 관념이 갈수록 희미해지고 있는 문제도 그들의 고민거리이다.

그리고 조선족 학교에 입학 기피문제, 교원회피로 인한 교원 부족, 학생들에게 한국문화 전통 잇기, 한국 역사교육의 부재, 한국어 교육의 쇠퇴, 농촌인구 감소, 토지유실, 지역 간의 교육의 질적, 양적 차이 등 그들이 해결해야 할 숙제가 산적해 있음을 직감하면서 도움의 방법을 찾고 싶었다.

방문단은 작곡가 조두남이 21세 때인 1933년 목단강 부근에 체류할 때, 윤혜영의 작사로 만들어진 가곡으로 한국인이 애창하는 노래를 조선족 선생님들과 함께 불렀다.

"일송정 푸른 솔은 늙어 늙어 갔어도 한 줄기 해란강은 천년 두고 흐른다.
지난 날 강가에서 말 달리던 선구자 지금은 어느 곳에 거친 꿈이 깊었나.
용두리 우물가에 밤새 소리 들릴 때 뜻깊은 용문교에 달빛 고이 비친다.
이역하늘 바라보며 활을 쏘던 선구자 지금은 어느 곳에 거친 꿈이 깊었나.
용주사 저녁 종이 비암산에 울릴 때 사나이 굳은 마음 깊이 새겨 두었나."

조선족 모두의 마음에는 옛 고구려가 만주를 평정하고 위세를 떨쳤던 시기를 그리워함은 당연하다. 수나라의 침입을 단호하게 물리치고 부국강병의 시기가 도래하리라는 희망의 끈을 놓지 않고 있음에 마음이 짠하게 요동치고 있었다.

민족적인 자긍심이 있는 것과 없는 것, 희망이 살아 움직이는 것과 절망이 지배하는 것의 차이는 하늘과 땅의 차이만큼이나 크나큰 것이다. 그래도 나이 먹은 구세대들은, 민족혼을 일깨우고 지키려고 발버둥 치면서 신세대들에게 강조하지만 신세대들은, 지금 우리가 중국 땅에 서서 살고 앞으로도 살아가야 하는데 어차피 중국인화할 수밖에 없다고 체념하는 것을 보면 가슴이 아프다는 것이었다.

조선족이라는 이름표를 달고서는 어느 한계점까지는 저항 없이 올라갈 수 있지만, 그 이상을 올라가고 차지하려면, 한족일 수밖에 달리 방법이 없음을 신세대는 이미 인지하고 있음도 가슴 아팠다.

소수 민족의 한계점이 드러날 수밖에 없는 아픈 현실 앞에서도 그들은 희망의 끈을 놓지 않았다.

중국 내에서의 조선족은 소수민족에 속하므로 헤게모니를 쥐고 있는 한족에 비해 보이지 않는 차별과 설움이 있음을 그들은 말하지 않지만 가슴에 깊이 파고드는 것은 무엇일까?

조선족 중학교의 학생 수는 점점 줄어만 가고 한족 학교로의 전학이 부잣집 아이들을 중심으로 두드러지게 나타나고 있었다.

조선인으로서의 민족의 역사적 전통을 지키려고 몸부림치지만 날이 갈수록 새로운 후대들은 완전한 중국인화의 길로 내달리고 있음을 솔직히 고백하는 선생님들의 얼굴에는 먹구름이 잔뜩 낀 것은 어쩔 수 없었다. 소수 민족으로서의 한계와 설움이 그들을 짓누르고 있었다.

살아가는 힘의 캐나다교육 견문기

캐나다는 북아메리카 대륙 북부에 위치한 아름답고 광활한 국토를 가진 선망의 나라이며 미국과 함께 세계적인 교육 리더 국가로 불린다.

캐나다라는 국명은 인디언의 말에서 유래하며 우리 연수단이 교육 연수할 지역인 토론토는 만남의 장소라는 뜻을 가진다고 한다. 토론토 시는 총 인구 3,300만 명 중 500만 명이 거주하며 다민족 문화를 형성하고 저녁 10시가 되면 대부분의 상점이 문을 닫고 가족과 함께 하루 생활을 마무리한다. 가족 구성원 중에서 남자의 만족도가 100%라면 아내의 만족도는 150% 아이들은 200%의 만족도를 가지고 사는 나라이다.

연수단이 캐나다 토론토 북쪽 지점에 위치한 피어슨 국제공항에 도착한 시각은 밤 8시 50분이었다. 이곳이 북반구라서 그런지 아직 어둠이 깔리지 않은 도시는 우리나라의 저녁 같은 분위기였다. 우리 일행은 교민이 직접 운영하는 신라회관에 들러 해외에서의 첫 식사를 마치고 어둠이 내려 도시가 잠들 무렵 숙소인 호텔에 도착하였고 우리나라와 13시간의 시차 관계로 적응이 안 돼 모두들 고생하는 모습이 역력했지만 교육연수와 관련된 사전 미팅으로 내일을 대비했다.

토론토의 아침 기온은 한국보다 쌀쌀하고 도시는 낙엽송으로 아름다움을 더하고 있었다. 호텔 조식 후 연수단 일행은 전용버스를 타고 필 교육청을 방문하였다. 첫 미팅은 필 교육청 마케팅 담당자의 인사말을 시작으로 두 명의 전직 교장으로부터 필 교육청 관내의 교육 현황을 청취하였다.

필 교육청은 토론토 시 부근에 있으며 미시사가, 브렘턴, 칼레든 등 3개 市의 200여 개 초·중·고와 13만여 명의 학생들을 관할하고 산하에 체계화된 영어 연수 프로그램을 운영하는 언어연수 평가원(CLTA)을 두고 있다고 한다.

이 나라의 교육 제도는 주법에 자치주별로 교육 체계라든지 수업의 방법 등이 조금의 차이가 날 수 있으며 학생의 적응 또한 이에 따라서 조금씩 달라질 수 있다고 한다.

캐나다의 모든 주는 기본적인 수업의 진행이라든지 학교 내 진행 방법, 그리고 교육 시스템이 비슷하며 다른 교육청 간의 교류가 매우 활발히 이루어지고 있어서 전체적으로 볼 때 어느 지역을 가더라도 양질의 수업을 제공받을 수 있다고 한다.

아이들은 만 5세가 되면 유치원에 입학할 수 있으며 이때부터 학교를 통해 모든 교육의 준비를 시작하게 된다. 그리고 모든 어린이들은 만 6세에 초등학교 1학년에 입학하는데 우리나라와 다른 점은, 캐나다는 9월 학기에 시작해서 6월에 학기가 끝이 나게 된다. 이 경우 교육청마다 조금씩 차이를 보이지만 거의 같은 시기에 학교들은 방학에 들어가게 된다고 들었다.

중등교육은 12학년으로 이루어져 있고 초등학교, 중학교, 고등학교 과정을 이어서 진행할 수 있게 갖추어져 있으며 주에 따라 교육과정이 조금씩 다르긴 하지만 거의 비슷한 체계를 가지고 있고 특히 퀘벡 주의 경우에는 11학년 수료 후 CEGEP(College of General and Vocational Education)이라 불리는 고등교육기관에서 2년간의 교육을 받은 후 종합대학에 입학하거나 1년간의 기술교육 이후 취업하거나 전문대학으로 진학하게 된다고 한다.

캐나다 내에서의 교육과정을 이수하기 위해서 선택되어야 할 학교는 공립학교와 사립학교로 나눠진다.

공립학교는 지역별로 운영되고 있는 교육청의 관할하에 정부가 관리하는 학교를 말하며 사립학교는 특정 재단에 의해 자체적으로 운영되고 있는 학교를 말한다.

공립학교는 대체적으로 규모가 크며 학생 수도 수천 명에 이르는 곳도 있을 만큼 대형화되어 있는 곳도 있다. 이는 지역과 취학 인원에 따라 달라지며 보통 9월 학기와 1월 또는 2월 학기 등 2학기로 나뉘어 있다.

공립학교의 경우 모든 진학이나 학교 적응에 대한 부분에서 적극적인 카운슬러의 도움을 학생들에게 제공한다. 학생의 종합적인 능력을 파악해서 관할 교육청 내에서 가장 적합한 학교로 학생들을 선정해 주며 이와 별도로 국제 학생을 홈스테이로 따로 선정해 주기도 한다.

명문 사립학교는 말 그대로 가장 인정받고 있는 교육기관이다. 이들 대부분은 오랜 역사와 대학교에 버금가는 완벽한 시설을 갖추고 있으며 학교 강사진들의 대다수가 박사급으로 이루어진 말 그대로 우수한 학생들을 위한 최적 환경을 갖추고 있는 학교를 말한다.

특히 뛰어난 학생들을 위한 전문 코스를 별도로 운영하고 있으며 엄격한 학교 규칙과 짜임새 있는 수업방식으로 사립학교마다의 특성화되고 차별화된 프로그램을 운영하며 사회 지도자급의 강력한 리더십과 지식을 가진 인재 양성을 목적으로 한다. 따라서 명문 사립학교의 경우 명문대 진학률이 상당히 높으며 진학률 또한 98% 이상을 유지하기도 한다.
단지 학업적인 측면만을 중요시하는 것이 아니라 각종 특별활동도 학업 못지않게 적극적으로 참여해야만 하는 등 종합적인 부분에서 최고의 인재를 양성해 내는 것이 주목적이다.
또한 학교의 대부분이 기숙사를 갖추고 있어서 학생들의 모든 생활을 학교 내에서 전체적으로 관리한다고 한다.

필 교육청 내 초등학교에는 95,769명 중학교에는 39,285명이 재학하고 있다는 설명과 함께 필 지역은 인구의 이동속도가 빨라 매년 학교가 신설되고 있다는 설명과 함께 관계자들의 친절한 설명이 있었다.

또한 온타리오 주에서 실시되는 EQAQ 전체 랭킹에서 상위권 성적을 나타내고 있다는 사실에 자부심을 느끼고 있었으며 우리가 캐나다교육에 대해 알고 싶어 하는 사항을 꼼꼼하게 사전 미팅과 협의를 거쳐 준비한 것이 인상적이었다.

특히 이 나라 교장의 임무를 소개하였는데 일과표 협의 결정, 입학이나 전학에 관한 사항, 학교 생활기록부 확인, 학생 등교관계 참여, 학생 관찰과 훈육, 교사 지도 관찰, 커리큘럼 변경, 교수학습법 제시, 교사지명, 승진, 강등, 직위해제 등의 관장, 교육 기자재 선정, 교과서 선택 참여 등 우리나라 교장과 하는 일이 비슷했으나 교육 조력자로서의 역할과 비중이 더 크다는 것과 한국에서 볼 수 있는 권위적인 면은 전혀 찾아볼 수 없다는 점이 다르게 느껴졌다.

질의 응답시간에 이어 필 교육청 본부를 찾아 이동하였는데 선도차를 놓쳐 필 교육청을 찾는데 많은 시간을 소비하였다. 교육국장에게 기념 선물로 고려청자를 전달하였는데 매우 만족해하는 모습을 보였다.

필 교육청 청사 내에는 관내 학생들의 작품 전시회가 열리고 있었는데 태극기를 주제로 한 한국학생의 작품이 인상적이었다.

연수단은 중식을 뒤로 미루고 메리 왈드 가톨릭학교를 방문하였다. 이 학교는 메리 왈드 수녀에 의해서 설립되어 성경에 근거한 신앙교육을 기반으로 하고 있고 자기 주도적인 학습을 시행하는 대표적인 학교로 유명하다고 한다.

이 학교의 교육적 특징은 다음의 세 가지로 요약할 수 있다.

첫째는 학생들의 자발적인 학습을 유도하기 위해서 능력 있는 교수진을 통해서 학생들에게 개별화된 교육을 제공하고 있고 자기 주도적인 학습을 도모하기 위한 교사 프로그램이 아주 잘 정착되어 시행되고 있었다. 뿐만 아니라 학부모 및 지역사회와 연계하여 학생들에게 최적의 환경을 제공하고 있다. 또한 실제적으로 교육을 통해서 지역사회 발전에 기여하도록 하며 가족 학습과정을 제공하고 있었다.

예를 들어 9학년을 대상으로 하는 음식과 영양과정 11학년을 대상으로 하는 부모역할 과정은 실생활과 미래의 직업 준비를 위해 지역사회에 도움이 될 수 있는 실제적으로 필요한 지식과 기술을 제공하고 있었다.

둘째는 아주 새롭고 참신한 과학, 수학, 기술과 종교 교육에 초점을 맞추고 최첨단 기술을 보유한 컴퓨터실을 갖추고 있어서 최상의 기술 교육을 제공하고 있고 예술 분야에서도 시각예술, 음악, 전위예술과 같은 국제적으로 인정받은 프로그램을 시행하고 있었다.

셋째는 이 학교는 협력교육을 시행하고 있었는데 협력교육이란, 교육과 경영, 산업과 노동 분야를 서로 통합하는 것이다. 이러한 교육을 제공하는 목적은, 학생들이 중등 교육을 마치고 고등 교육을 받거나, 수련과정을 거치거나, 바로 직장에 들어가려고 선택할 때 자연스럽게 그 분야로 나갈 수 있도록 도와주기 위함이라고 한다.

학생들은 이러한 협력교육을 통해서 자신이 선택한 분야에서 실무를 경험하고, 직접 그 분야의 사람들을 대면함으로써 미래의 직장 생활에 필요한 지식과 기술 태도를 갖추게 되고, 그 결과 학생들은 스스로 자신이 미래를 선택하고 결정할 수 있게 된다는 것이다.

우리 연수단 일행은 6명의 한국 유학생들과 짧은 만남을 가졌는데 학생들 각자 자유분방하면서도 대단한 자부심을 갖고 학교의 요구에 충실하고 있음을 발견했다. 학생들은 자신이 수행할 커리큘럼을 짜고 프로젝트를 갖고 세미나 스타일의 수업에 참여하고 있었다.

이 학교 학생들의 용의가 매우 튀는 모습이 많이 보였는데 그들은 개성적 표현이라는 말로 학교생활과는 별 상관이 없다고 답변했다.

학교 복도에서 남녀 학생의 입맞춤도 허용되지만 자율 속에 엄격한 자기제어도 동시에 존재한다고 말해주기도 했다.

젊은 여자 교장 선생님은 우리 일행을 도서관 미팅 룸으로 안내한 후 학교 소개를 간략하게 하였고 그 후 한국 유학생의 이야기를 들려주도록 배려하였다.

그들의 이야기로는 본교가 특이한 커리큘럼의 진행으로 국내외에서 학교 견학을 많이 온다는 것과 딜리버리 프로그램, 티칭 어드바이스 프로그램, 봉사활동 프로그램 등의 독특한 교육활동이 있다고 소개하였다.

특히 자랑스럽게 생각하는 것은 학생 자신이 커리큘럼을 조정해서 조금이라도 자만하면 어려움을 겪게 되기 때문에 늘 긴장하며 학교생활을 하고 대학 시스템과 유사한 면이 있다고 이야기하였다.

한국 유학생과 학교 내를 순회하면서 많은 이야기를 주고받았으며 그 유학생의 설명은 값지고 많은 도움이 되었다.

학생에게 주어지는 프로젝트는 136개 정도 되는데 한 개의 프로젝트당 5시간 정도가 소요된다고 한다.

1교시에서 5교시까지는 자기가 옮겨 다니면서 세미나 스타일로 수업을 받고, 보고서를 작성하고, 교사는 순회하면서 도움만 주고 본인이 과제를 해결하게 되는 시스템이라고 한다.

약 70여 개의 교실에서 교실마다 학생 30여 명 정도가 활동을 하며 교사는 알림장을 점검하고 필요한 정보만 제공한다고 들었다.

교사와 학생은 벽이 없이 친구처럼 지내며 학생들도 선후배 개념이 없었다.

학생들이 운영하는 매점도 인상적이었고 엄청난 학교 규모와 자유분방한 가운데서도 질서가 유지되는 모습이 특이하게 느껴졌으며 기본이 잘 갖춰진 학생들이라는 생각이 들었다.

여학생의 교복은 겨우 엉덩이를 가릴 정도의 초미니 스커트이고 얼굴에 화장도 매우 현란하게 하고 다니는 학생들도 많았지만 토론토의 명문고로서의 위치는 확고하다고 한다.

장애인에 대한 높은 관심과 배려에도 놀랐는데 장애인 1인에 대한 일반학생 70명분의 예산이 배정되어서 학교마다 장애인 쟁탈전이 벌어지고 있으며 장애인이 장애인 전용학교 통학버스를 타고 내리는 것을 목격하였다.

미술시간에는 전라의 누드모델을 초청해서 소묘하는 장면도 볼 수 있었는데 그들의 트인 교육이 매우 놀랍게 느껴졌다.

연수단은 가톨릭 고교 견학을 마치고 늦은 점심을 해결한 다음, 오후에는 연수단 전용차를 타고 토론토 시청으로 견학을 나섰다.

토론토 방문 마지막 날 일정으로 문화 체험을 한 후 연수단은 호텔로 이동하여 당일 평가 회의를 하면서 캐나다에서의 일정을 모두 소화하고 내일은 미국으로 갈 준비에 분주한 밤을 보냈다.

잠들기 전 캐나다 교육방문 일정을 되돌아보며 인상 깊었던 내용들을 생각해 보니 학생들이 자율 속에서도 질서가 잘 유지되고 자신들이 수행할 커리큘럼을 스스로 계획하여 주도적 학습을 효율적으로 한다는 것이었다.

또한 교육목표 설정에 있어 지식을 축적하는 것에만 치중하지 않고 육체적 건강과 건전한 인간으로서의 정신적 성장도 함께 교육하는, 즉 종합적인 부분에서 최상의 인재 양성을 위해 노력한다는 그들의 교육 목표와 교육 당국의 전폭적인 지원에 대해 생각하면서 다음 일정을 위해 캐나다에서의 마지막 시간을 정리하였다.

자아발견의 미국교육 견문기

미국의 교육은 세계 교육의 교과서 역할을 한다. 오늘날 미국이 초일류 국가로 성장할 수 있었던 힘은 교육에서 비롯된 것임을 부인할 수 없다. 또한 미국 교육학자들의 이론과 학교현장의 이론 적용을 멋지게 한 선생님들의 노고의 결과가 교육강국을 만든 것으로 생각된다.

캐나다에서 바쁜 교육연수 일정을 마치고 에어토론토 공항에서 시카고행 비행기에 탑승했다. 시카고행 아메리칸 항공기는 소형비행기로 깔끔하지 않은 기내에 무표정한 스튜어디스가 친절함도 결여되어 있어 승객에게 좋은 인상을 남기기에는 부족한 점이 많았다.
시카고의 오헤어 공항에 도착하여 활주로에서 게이트로 빠져나오니 연수단을 기다리고 있던 한국인 가이드가 반갑게 맞이해 주었다.

미국의 국가 목표는 견제와 균형이라고 한다. 최근에 약자 보호조항을 철폐하였는데 한국과 중국 등 이민자들이 학구열이 높아지고 생활력이 좋아져서 하류 계층의 일을 안 하기 때문에 우대조항들을 삭제했다고 한다.

우리는 경제학 분야의 최고 권위를 자랑하는 시카고 대학교를 방문하였는데 시카고대는 다운타운 남쪽에 10km에 걸친 넓은 부지에 자리 잡고 있는 명문대학으로 1890년 록펠러의 기부금으로 건립되었으며 고풍스런 건물과 시원한 캠퍼스가 인상적이었다.

시카고대는 많은 노벨상 수상자를 배출하였으며 의과대학과 물리학 연구소는 세계적 수준이라 한다. 경제학 분야 또한 세계 최고 수준에 있다고 한다.

학생들은 공부에 찌들려 인생을 포기하기도 하고, 시간이 없어 씻는 것도 못하며, 일주일간 작성해야 할 보고서 양이 너무 과대하여 대학 공부에 몰두할 수밖에 없는 구조를 가지고 있으며, 스스로 알아서 대학공부에 몰두하는 학생들이 더 많고, 열공 분위기로 뜨겁게 달아오른다고 한다.

미국의 중·고교 교육이 자아발견에 초점을 둔다면 대학은 자기결정에 대해 책임을 강조하는 교육을 한다는 것이다.

우리 일행은 시카고 오헤어 공항을 출발하여 워싱턴 레이건 공항에 도착하였다. 워싱턴의 일정이 시작된 것이다.

미국의 공항은 크고 작은 것을 모두 합해 약 4,200개라고 하며, 대학은 약 400여 개이고. 미국의 구성원은 다민족 다문화로 구성되어 있어 타민족을 배척하지 않으며 아시아계 민족은 약 10%라고 한다.

한국의 부모는 자기 자녀에게 공부를 강조하지만, 미국의 부모들은 건강하게 잘 자라라, 운동도 열심히 잘하라고 격려하는데, 이것이 두 나라의 문화차이라고 설명한다.

다음날은 홀매르 중학교에서 교육방문 활동이 전개되었다. 시카고 북쪽 놀스브룩에 위치한 홀매르 중학교는 친환경적인 산림보호 지역에 위치하고 있었다. 백인이 주류를 이루고 있는 이 동네는 비싼 주택가격이 말해주듯 부촌이라고 하며 자연경관이 좋은 산속이라 사슴도 가끔 나타나 주변 경관을 둘러보는 듯한 해프닝도 일어난다고 한다.

학교는 매우 안정적인 느낌을 주었고, 교사 가디언은 학생을 책임지고 보호하고, 상담활동을 하며 학생들과 잘 소통하는 것이 인상적이다.

학교에 도착해서 처음으로 한 일은 학교 도서관을 가보는 일이었다. 우리 일행을 먼저 도서관으로 안내한 교감선생님은 한국인 입양아로 성공한 케이스라고 한다.

미국의 교육은 학생들의 삶과 연결되는 효율적인 교육을 하며 모든 것이 자율적으로 이루어지지만 그에 준하는 책임감을 강조한다.

학교교육에는 스텝들의 활동이 활발하며 교사는 학생과 매우 친근하게 교류하며 학교생활에 도움을 준다고 한다.

캐나다나 미국 등 어디를 가도 한국의 유학생들을 자주 접할 수 있는데 그것으로 한국인들의 교육열을 짐작할 수 있는 것 같다.

학생들 대부분은 11살에서 13살 정도 되는 나이로 850명의 학생이 재학하고 있는데 두뇌가 우수한 학생들이 많고 히스패닉 학생들도 150명가량 있는데 이들에게는 언어교육을 시킨다고 한다.

학교 건물은 블록으로 지어졌으며 학생들 교복은 없고 배꼽이 보일 정도의 짧은 티셔츠를 입은 학생도 보이고 체육복을 입은 학생들도 보이는 등 자율적인 용모가 눈에 띄었다.

학교 도서실이나 교실에는 각종 구호가 많았으며 그 예로 'Your mind is your powerful resource' 등이 눈에 들어왔다.

양호실도 있지만 학생들이 아프면 즉시 조퇴가 되며 음악실, 체육실 등 특별교실도 많았는데 활용하기 좋게 꾸며져 있었다.

학생들 모두 여유가 있었으며 빛나는 눈빛과 쾌활한 모습 그리고 무엇인가를 탐색하고 탐구하려는 의지가 강해 보였다. 자유분방함 속에서도 엄격한 질서를 발견할 수 있었다.

출장 후 학교로 돌아온 교장 선생님과 교장실에서 담소도 나누고, 사진도 찍고, 기념품도 전달하였는데 그의 맑고 소박한 모습이 인상적이었다. 그의 아들이 한국 강남에서 원어민 교사로 근무하고 있다는 소개도 잊지 않았다.

미국의 강력한 힘이 학교에서부터 나오지만 그들의 고민도 같이 존재함을 느끼는 시간이었다.

새로운 날이 밝아오자 연수단 일행은 아침 식사를 마친 후 메릴랜드 주에 위치한 몽고메리 교육청을 방문하기 위해 전용차량에 탑승, 도착하니 워싱턴 교육원장이 우리 일행을 반갑게 맞아 주었다.

브리핑 룸에서 닥터 멜 교육국장이 교육청의 일반 현황을 설명하였는데 관내에는 192개의 학교와 14만 명의 학생이 재학하고, 교육위원회가 있으며, 연방 정부의 재정 지원을 받는다. 교육위원 8명 중 7명은 지방 주민이 선출하고, 1명은 학생 대표가 참여한다.

예산 관계도 설명하였는데 우리 일행을 위해 브리핑 자료를 세밀하게 준비했다는 인상을 받았다. 교육국장의 쇼맨십 또한 대단했는데 흰 상하의의 캐주얼한 복장에 보라색 넥타이가 잘 어울렸다.

브리핑 순서는 교육위원회 개괄설명, 교육청 예산현황, 중학교 교육과정 등으로 진행되었는데 교육학을 전공한 가이드의 통역실력이 대단하다는 것에 모두들 공감하였다.

다음날은 로버트 프로스트 중학교를 방문하였고 현관에서 교장 선생님의 환영 인사와 학교현황을 설명 들었다. 학교에서는 우리 연수단 일행을 위해 생수와 빵을 준비해 주었는데 그것들은 학교에서 직접 생산하는 것으로 로버트 프로스트 중학교의 이름이 붙는다고 하였다.

학교의 하루 일과는 7시 55분에 시작하여 2시 40분에 끝나며, 1,200명의 학생이 재학하고 있고, 수학, 영어, 세계사, 과학, 체육을 공부하며, 과정은 월요일에 시작하여 계속 로테이션이 된다고 한다.

보통 1교시의 수업시간은 47분이고, 이동시간은 4분이며, 116명의 교직원 중 80명이 티칭 교사이고, 나머지는 보조 교사로 구성된다.

이 학교는 1971년 개교하였는데 60%가 백인이고, 30%는 아시아계, 5%는 흑인, 나머지 5%는 스페니시계 학생이라고 한다.

학생들은 학업 성취도가 높고 우든 하이스쿨에 거의 진학하며 전국 랭킹 20위 안에 있는 명문학교라 한다. 교장 선생님의 기대수준이라는 것이 눈에 띄었는데 대문자 'FISH'였다.

F(Fresh)
I(Ideas)
S(Start)
H(Here)

이 학교는 20여 개의 방과 후 과외 활동이 있고, 수학, 볼링, 스크랩북, 멘토링(개별지도), 기타 음악활동 등이며 매 학기에 20달러 정도를 내고 배운다고 한다. 중식 시간에 좁은 식당에 많은 학생들이 앉아 자기가 준비한 음식이나 학교에서 제공하는 식사를 하였다.

이 학교의 부지는 30만 평 정도로 넓으며 쾌적하고 여유가 있는 학교이다.

음악 시간에 아일랜드 민속음악 연주를 보여주는데 전 학급 학생이 1인 1악기로 수준급 연주를 하였다. 30명 중 한국 이민 학생도 8명이 있었다.

학교 내 헬스 룸에는 헬스기구들이 가득하고 대형 사물함이 복도에 설치되어 있어 학생들의 편리성을 도모하는 것 같았다.

각 교실에는 명언이 걸려 있고 교실과 복도에는 학생들의 작품이 전시되어 있으며 미술실 안에는 암실도 설치되어 있었다.

날씨, 습도, 구름량, 온도의 계기판이 디지털로 설치되어 중계되고 있으며 학교 자체로 측정한다고 한다.

상담실은 작은 여러 개의 방으로 일반적인 상담이 많고 실제적인 도움을 주고 있으며 교장 선생님이 1,200명 학생의 이름은 다 못 외워도 거의 기억하는 배려를 보여준다고 한다.

수업시간에 배운 내용을 잘 이해하지 못해 선생님을 찾아가면 친절하게 다시 설명을 해 주며 학생들은 학교에서 나가는 과제가 너무 많아 학원에 다닐 시간이 없다고 한다.

과제는 그날 배운 것을 심화학습이나 일주일 동안 배울 과정에 대한 프로젝트를 제시하고 과제를 하다 막히면 교사의 도움을 요청하며 교사는 답을 제시하는 것이 아닌 해결할 수 있는 아이디어를 제공한다는 것이다.

미국은 형식을 거부하고 자유와 책임을 강조하는 교육, 전 국민이 질서를 유지하고 있는 가운데 개성을 창조하고 조화를 이루는 나라, 남에게 피해를 주지 않고 자기의 삶을 맘껏 즐길 줄 아는 높은 시민의식, 학교를 방문하면 열정적이고 역동적으로 끊임없이 솟아나는 에너지, 그리고 개별 학습과 협동 학습이 공존하는 원활한 학습 환경 등 그들의 합리적인 모습들이 감동적이었다.

새로운 날이 밝아옴에 따라 우리 연수단 일행도 바쁜 일정을 시작해야 하는데 첫 방문지로 성 존스 가톨릭 학교를 방문하였다. 정년이 8월인 연로한 여자 교장 선생님의 환영과 친절함에 감사하며 우리는 교무회의가 열리는 연수실에서 교장 선생님의 학교현황 설명을 들었다.

미국의 중·고등학교는 겉모습으로는 보잘것없이 보이지만 내실이 탄탄하여 교육 자료들도 가득하고 교사 학생들이 생동감 넘치는 교육활동을 하고 있다.

성 존스 가톨릭 학교는 유치원, 초·중·고가 함께 공부하는 학교인데 환경이 깨끗하고 정리정돈이 잘 되어 있었으며 학교의 현관에는 이달에 생일을 맞이한 학생들의 사진이 걸려 있었다.

복도와 교실에는 학생들의 작품이 잘 진열되어 있고 학생들의 표정도 밝고 쾌활했다.

이 학교에 한국 학생들도 재학하고 있어 반갑게 만났다. 학생들은 학교에서 내주는 숙제가 많아서 힘들다고 했다.

초등학교 1학년 간식 시간을 참관하였는데 아이들이 준비한 간식을 먹으며 보조교사가 왼손으로 자기 아기 흔들의자를 흔들어주면서 동화책을 읽어주는 모습이 보기 좋았다.

특별교실은 두 교실에 여러 개의 보조교실이 있어 심화학습, 보충학습을 할 수 있게 만들어 놓았다. 미국교육은 개인의 의사와 창의성을 매우 중요시한다고 한다.

넓은 잔디가 있는 운동장에서 체육활동을 하고 있는 아이들 모습이 부러웠고 SAT 준비를 위해 많은 고교생들이 열심히 공부한다고 한다.

별실에서 유치원 원아들의 교육 장면을 목격하였는데 한국인 입양아가 몹시 수줍음을 타는 것을 보고 만감이 교차되었다.

한동안 학교를 둘러본 후 교장 선생님과 기념 촬영을 하고 학교에서 준비한 햄버거와 과일을 중식으로 먹으며 담소를 나누었다.

미국의 교육연수 체험을 하면서 길지 않은 제한된 시간이었지만 그동안 내가 보고 듣고 느낀 미국 교육의 공통점을 다음과 같이 요약해 본다.

미국 학생의 학교생활은 자유가 무한정 주어지는 것으로 착각하기 쉬우나 오히려 우리나라보다 더 짜임새 있고 규범의 틀에 맞추어져 있음을 곧 발견하게 된다. 자유와 풍요가 함께 주어지지만 자율과 사회적 원리원칙을 철저하게 학습한다.

아침 일찍 등교를 해야 하고 수업시간을 소홀히 하는 일은 절대 허용되지 않는다. 각 수업의 시간마다 자신의 강의실로 5분 이내에 이동해야 하며 서둘러야만 강의실에 입실할 수 있다.

미국 학교는 여름방학을 기점으로 구 학기가 마감되고 매년 9월 초에 새 학기를 시작하며 그때 'Back to school night'날을 정하여 학부모를 초청한다.

이 날은 한 학년 동안 어떻게 교과를 지도할 것인지에 대해 설명을 하고 의견을 교환하는 시간을 갖게 된다.

성적순서로 학생들을 줄 세우기 하는 우리나라와는 달리, 특기 적성의 예체능 활동을 적극 지원하고 참여하게 하며, 자발적이고, 창의적인 능력 개발을 늘려나가는 데 교육의 초점이 모아지고 있었다.

세계 각국의 이민자들이 모여 국가를 형성한 미국은 교육도 민족이나 종교를 뛰어 넘어 누구에게나 평등하고 균등한 교육의 기회를 부여하고 있었다.

연방 정부가 교육을 각 주 정부에 일임하고 있으며 공립학교의 가장 큰 권한을 가지는 것도 교육 행정의 단위인 교육구이다.

학교 구를 운영하는 교육위원회는 커리큘럼, 교과목, 교과서의 선정, 교육 예산편성과 교원의 고용 해임 인사권 등 거의 모든 결정권을 갖는다.

학교의 재원은 주 정부로부터 학교 구에 주어지는 보조금과 주민이 납부하는 세금으로 충당하며 교육열이 높은 지역의 주민은 교육위원회의 운영에 참석하거나 협력하여 학교의 명성을 높이는 데 주력하고 있었다.

사립학교는 주소에 관계없이 학교를 선택할 수 있는데, 교육계통 학교, 개인지도와 소수인원 교육을 하는 진학지도학교, 그리고 기숙사 설비가 갖추어진 기숙학교 등이 있다.

사립학교의 교육은 그 학교 나름의 독자적인 교육이념과 방침에 따라 교육이 행해지고 있고, 학생 수가 적으며, 엄격한 규제 아래 학생들이 교육을 받고 있었다. 일반 사립학교의 수업료는 높아 부모의 경제적 부담이 커지고 있으며, 교회계 학교는 교회의 지원으로 교육 여건도 좋고 수업료도 싼 편이다.

중학교와 고등학교는 학생에게 자신의 메인 교실과 담임 선생님을 배정하고 수업 개시 전 혹은 종료 후에는 정해진 교실에 모여 연락사항을 청취하고 일과 계획을 점검한다고 한다.

수업은 각 교과가 능력별로 편성되는 시스템을 취하며 본인의 능력에 맞게 교과마다 진급 정도를 달리하기 때문에 과목을 빠르게 이수하면 진학을 앞당길 수 있다.

수학의 경우에 중학교 수학을 끝마치면 중학교 교과 이외의 수학 수업을 받을 수 있다.

시간표는 학기 시작 시 학생이 스스로 과목을 선택해서 만드는데, 영어, 수학, 사회는 졸업할 때의 필수 과목이므로 고교를 졸업할 때까지 필수 과목에 합격해야 하고 졸업에 필요한 단위 수를 취득해야 한다.

입학에 필요한 시험은

SAT Ⅰ- Reasoning Test

SAT Ⅱ- Subject Test

ACT - American College Testing Program 등이 있다.

중요한 것은 고교 과정을 어렵게 이수해서 원하는 대학에 들어가게 되는데 대학에 입학해서는 학부과정이 머리 감고 세수할 시간조차도 절약하지 않으면 안 될 정도로 학문 세계에 몰입해야 한다는 데서 큰 시사점을 발견할 수 있었다.

이번 해외 체험연수는 많은 것을 볼 수 있었고 듣고 느낄 수 있었던 소중한 기회였다고 자평해 본다.

늘 한국교육에만 익숙해 있던 편협한 생각에서 벗어나 또 다른 시각에서 교육을 보고, 자신을 조명해보고, 긍정적인 면을 과감하게 수용하고, 부정적인 면은 과감히 개혁할 수 있는 용기를 가질 수 있게 한 것으로 평가한다.

우리나라 교육도 미국과 캐나다의 교육처럼 개인의 경쟁력을 배양하고, 사회적 힘을 가득 실어주며, 삶의 질 향상을 위해 개인이 할 수 있는 모멘트를 제시해 주는 방향으로 보완해 가야 한다. 물론 캐나다와 미국의 교육은 장점도 많았지만 그들 나름대로 고민도 있음을 엿볼 수 있었다.

교육은 학생이 생각하지 못하는 것을 생각하게 하여 창의력을 향상시키고, 보지 못하는 것을 보게 하여 편협한 시각에서 벗어나게 하며, 듣지 못하는 것을 듣게 하여 올바른 가치관을 형성시키고, 느끼지 못하는 것을 느끼게 하여 뒤를 돌아볼 수 있는 용기와 감정의 선을 조정할 수 있도록 하며, 행동하지 못하는 것을 행동하게 하여 새로운 길을 개척하는 힘을 주는 것이다.

한국교육의 새로운 역사를 기원하며 오늘도 교육현장에서 심혈을 기울이고 있는 선생님들께 **Fighting**을 보내며 그 노고에 고마움을 전한다.

제 **3** 장

선생님의 혜안(慧眼)

착시(錯視)
....

학교의 수업시간은 새로운 사실을 배운다는 기대감이 앞서고 수업 상황에서 커뮤니케이션 즉 질문에 대한 답변 토론의 긴장감이 공존한다. 그리고 선생님이 준비해 온 보따리 속에 들어있는 내용이 50분 내내 궁금함으로 가득하다. 수업으로 인해 학생들은 커가고 살찌고 대견해지니 수업은 마술을 능가하는 묘미가 있다. 어쨌든 수업의 성공과 실패는 선생님과 학습자 사이에서 일어나는 교류 집중 수용의 자세 등이 중요하게 좌우된다고 보아야 한다.

고교 시절 어느 날 내가 좋아했던 생물 시간에 선생님은 평소의 강의 패턴을 벗어나 톤을 높이고 약간 상기된 표정으로 찰스 다윈의 '진화론'을 설명하신 것이 희미한 기억으로 남아있다.

선생님은 창조론과 진화론의 대립에 대한 입장은 유보하셨다. 당시 창조론에 무게를 두었던 친구들과 나는 진화론에 큰 충격을 받았음은 물론이다.

선생님은 진화는 동물의 특성에 대한 환경적 스트레스의 결과로 어떤 기관들을 보다 자주 사용하면 점진적으로 복잡하고 효율적으로 진화하기 때문에 동물이 그 환경에 적응하게 된다는 설명이었다.

이전까지는 인간은 신의 피조물 중에서 기기묘묘한 최고의 걸작품이며 명품이라는 생각이 늘 뇌리 속을 지배하고 맴돌았기에 우리들이 진화론을 받아들임은 쉽지 않았다.

진화론을 떠나서도 인간을 머리에서 발끝까지 요모조모 들여다보고 뜯어보고 분석해 보면 그 신비함에 놀라게 된다. 그중에서도 얼굴에는 이목구비 등 주요 기능을 담당하는 기관이 집중되어 있는데 특히 눈(眼)은 신비스러움의 제1인자라고 할 수 있다.

눈(眼)은 빛과 결합하여 물체가 보임과 동시에 가감 없이 투영된 정보를 뇌에 즉각적이고 계속적으로 전달하는 채널 역할을 한다.
눈(眼)은 인간이 생존하는 한 사물과의 끊임없는 교감을 뇌의 지시 없이 일상적으로 행하고 평생 동안 같은 일을 되풀이하는 신체의 우등생이다.

가까운 곳에서 먼 곳을 인지하고, 좁은 것에서 넓은 것을 시야에 담으며, 낮은 곳에서 높은 것을 섭렵하면서 쉴 틈 없이 분주하기만 하다.
눈(眼)이 캐치한 모든 정보는 뇌와 결합하여 희로애락을 생성해 내고 그날의 컨디션까지도 좌지우지하게 한다.

'인간은 감정의 동물'이라는 고대 철학자 소크라테스의 달변은 눈(眼)에 의해 생성된 감정의 기반을 두고 한 말이라고 내 나름대로 유추해 보면 재미도 있고 끄덕이며 동감하게 된다.

사람들은 대부분 어떤 사물을 보고, 듣고, 느낄 경우 자기중심적인 경향이 있다. 객관적으로 해석해야 함에도 주관성이 우선한다. 이런 현상은 인간이기에 그 한계성을 드러낸다고 할 수 있다.

내가 가장 옳고 내 행동이 기준이 되며 표준이 된다. 남의 생각과 행동에 대해 귀 기울이지 않고 수용하는 경우보다는 거부하는 경우가 다반사이다.

나와 남 사이에 보이지 않는 장벽이 존재하기 때문에 남의 이야기는 거들떠보지도 않게 된다. 남의 의견을 무시하는 것은 명백한 오류라고 조언을 해도 그렇지 않다고 묵살해 버리면 더 이상 논할 힘조차도 생기지 않게 된다.

주변에 다른 친구가 맞장구를 치면서 응원을 하면 더욱 더 신나서 자기주장을 굽히지 않는 것을 보면 저절로 고개가 떨궈지고 대꾸하고픈 마음 자체가 사라져버린다. 이런 경우 인간은 감정의 동물이기에 화가 나고 박치기를 하고 싶지만 이 또한 경계해야 할 행동이니 꾹꾹 눌러야 한다.

눈(眼)은 우리 몸에서 중요한 역할을 하지만 착시 현상이라는 아이러니컬함도 우리에게 안겨준다. 또한 그러한 현상은 시시때때로 상황에 따라 변화한다.

착시(錯視)는 시각에 의해 실제와는 다르게 느끼는 착각이다.

생애 초기에는 처음 눈을 마주치는 어머니와의 상호작용에서 얻은 경험을 그가 살아가는 동안 자기 것으로 보유하게 된다. 다른 사람을 지각하고 이해하며 관계를 형성하는데 그것은 기본 틀로 작용하고 영향을 끼치게 된다.

착시(錯視)는 유아 시절부터 학습에 의해 굳어져 버린 것이어서 어른이 된 후에도 마음에서 수정 또는 제거하지 않고 작용과 반작용을 거듭한다.

한국 사람들 중 일부는 자신의 부(富)의 축적 정도가 중상층이라 착각하여 과소비에 동참하고, 부자가 아닌데도 부자라고 생각하고 씀씀이를 늘리고, 과시하며 자기만족에 도취되기도 한다. 우쭐한 마음에 뒷감당은 하지 않고 과다한 쇼핑을 하면서 카드를 긁어대는 것이다.

외국 여행 중에도 들뜬 마음을 가라앉히고 차분하게 계획된 소비를 해야 하는데, 과시하려는 마음 때문인지 명품에 올인하고, 자신의 품격이나 품위가 명품에 걸맞다는 착각을 하며, 과소비 자제에 대한 조언을 하면, 내가 가진 것으로 내가 사는데 무슨 참견이냐며 관여하지 말라는 교만한 자세를 보이기도 한다.

일본인이 우리보다 몇 배 잘 살면서도 미래를 위해 절약 절제된

생활을 하면서 저축하는 것을 타산지석으로 삼아야 한다.

우리가 일본을 따라가려면 갈 길은 험하고도 멀기만 한데 아니 저들은 까마득하게 우리를 앞서가고 있는데 우리는 아랑곳하지 않는다.

우리는 오늘을 중시하고 내일은 어떻게든 되겠지 하는 막연한 기대를 걸고 살아가고 있다.

착시는 착각을 낳는 원천이 된다. 착시(錯視)는 내가 소득이나 지적(知的) 정도에서 분명한 중산층으로 분류되는데 상류층이라고 착각하는 경우를 말하며 이런 경우를 많이 접하게 된다. 따라서 소비행태도 상류층을 따라가는 착시현상을 나타내게 된다.

일부 한국인에게서 두드러지게 나타나는 착시현상에서 오는 질병은 이것뿐이 아니다.

식생활도 분수에 맞지 않는 고급 레스토랑을 이용하려 하고, 주생활도 식구 수에 맞춰 알맞은 평수를 선택하는 것이 아니라 넓은 평수에서 거주하기를 원하고, 의생활 또한 상황에 맞는 편안한 복장보다는 비싸고 메이커 있는 복장을 상용하는 경우를 자주 접한다.

물론 사람에 따라서는 일시적인 현상으로, 의·식·주에 있어 과소비나 과시욕에 대한 욕구를 충족시키기 위한 시도를 하기도 한다.
의미 있는 날이거나 특별한 경우에 있어, 자신의 만족도를 충족시키며, 동시에 타인의 착시현상도 유도하려는 마음이 작용하기 때문에, 망설임 없이 목적을 달성한다. 이러한 경우는 욕구해소를 위한 한번쯤의 수용으로 받아들여도 별 무리가 없는 현상들이다.

착시현상은 일종의 질병으로 반복되면 반복될수록 실용주의에서 멀어지고 가정을, 사회를, 국가를 거덜 나게 하는 좋지 않은 몹쓸 병임을 알아야 한다.

개인은 번영을 누리고 구가하기보다는 과감하게 접을 줄 알아야 한다.

끊임없이 자신을 성찰하고 보편타당성 있는 일에는 나로부터라는 의미를 부여하여 과감하게 실천하는 용기를 보여야 한다.

진정한 빛은 내면에서 나오는 것이지 개인의 착각이나 착시에서 만들어지지는 않는다. 순간적인 착시에 의해 보이는 현상은 허무감만을 극대화시킬 뿐 실체성이 존재하지는 않는다.

흔들리는 정체성에서 나오는 빛은 맑지도, 빛나지도 않으며, 스스로 만족할 뿐인 것이다.

자신에 대한 착시현상으로 겉치레에만 치중하고 속은 비어있는 외화내빈(外華內貧)보다는 내실이 튼튼한 외유내강(外柔內剛)이 더 의미 있는 삶이지 않겠는가.

사람마다 정도의 차이는 있지만 남의 시선을 의식하지 않는 사람은 거의 존재하지 않는다는 것과 자신의 만족도에 대한 평가가 유동적이며 때로는 물아일체(物我一體)가 되어 눈(眼)도 이성도 감성도 착각이나 착시에 동조한다는 것 또한 아이러니컬한 일이기는 하다.

개인은 공동체 속의 독립된 개체이다. 주관적인 개인의 이익이 우선한다면 사회는 너무 차갑고 지나친 개인주의 팽배로 인하여 무질서한 사회가 형성될 것이다. 개인에 앞서 가정을, 가정에 앞서 공동체를 먼저 생각하고 내다보는 혜안이 우리 의식 속에 뚜렷하게 자리 잡아야 한다. 그리고 자신을 제어하고 통제하고 절제할 줄 아는 지혜가 작동되어야 한다.

멀리 내다보고 민족성을 개조하고 다듬어서 세계 1등 국민으로 칭송받게 하는 일이 교육강국의 과제이다.

수학여행 이런 일이

여행은 집을 떠나 바깥세상을 구경한다는 한 가지만으로도 신이 나고 설렘이 넘친다. 밧줄로 꽁꽁 묶인 것 같은 학교생활을 벗어나서 자유를 만끽할 수 있는 학생들만의 시간이 주어져서 학생들은 완전한 해방감을 느낀다.

볼거리가 풍부한 명승지를 유람하면서 눈이 즐겁고 귀가 간지럽고 가슴의 떨림이 계속해서 요동치게 되는 것이 여행의 묘미이다.

또한 어머니가 만들어 주시는 음식에 때론 식상함과 지루함도 있었는데 색다른 고장의 음식을 맛보니 이 또한 기대감도 크고 기쁘기 한량없다. 어쨌든 여행은 세상을 망원경으로 보고 현미경으로도 보면서 나를 발견할 수 있는 기회가 주어지는 행복한 나들이다.

나의 초등학교 시절 첫 수학여행은 강화도 전등사였다. 지금은 교통의 발달과 생각의 전환으로 먼 거리의 여행과 더 멋진 곳으로의 수학여행을 가지만 그 당시에는 강화도 전등사가 여행지로서는 장거리이고 들뜬 마음이 가라앉지 않을 정도로 획기적인 곳이었다. 지금 생각하면 외국 여행이라도 가는 것 같은 그 기분이 이해가 되어 웃음이 절로 난다.

부천에서 2차선 비포장인 김포가도를 달려 성동 나루터에 도착하면 해군 함정이 버스를 싣고 도선하는 그야말로 버스가 배에 타는 스릴 만점의 정경이 펼쳐진다.

도선이 끝나면 눈앞에 항몽 전적지인 갑곶돈대가 한강 하구의 멋스런 위엄을 뽐낸다. 버스는 다시 몽고군을 피해 38년간이나 국정을 펼쳤던 고려궁지에 우리들을 내려놓는다.

민족의 슬픔과 수난이 백성들의 가슴을 강타했던 그때 모습을 알지 못하는 우리들은 희희낙락하며 경내를 둘러 본 어린애들이었다.

강화도 남쪽의 길상면 온수리 주차장에서 전등사 경내까지는 어린 우리들이 걷기에는 꽤나 먼 거리지만 고찰 전등사의 아름다움은 잊지 못할 정경으로 남아있다.

중학교 시절의 수학여행은 충청남도 예산의 수덕사이다. 지금처럼 입구에서 수덕사 경내까지 관광과 수행을 겸한 곳인데 세계적인 사찰이 된 것은 놀라운 변화이다.

서울에서 충남 예산까지 버스를 타고 가는 길이 험하고 지루했지만 수덕사에 도착해 보니 소탈하고 고풍스러운 느낌이 가슴에 들어왔다.

지금의 수덕사는 덕숭산의 아름다움과 함께 나의 단골 여행지로 Close 상태에서 Open 상태로 자주 들락거리는 기쁨이 가득한 곳이다.

고등학교 시절에는 속리산 법주사가 우리들의 수학여행 장소이다. 그때만 해도 먹고 살기에 빠듯한 생활을 해서 1박이나 2박의 여행은 호사스럽게만 여겨졌던 시절이었고 수학여행 사고로 인해 문교부에서 규제를 가해 제대로 된 화려한 수학여행을 가지 못한 세대들이다.

지금 상황이라면 오늘날처럼 미려하고 편안하고 속도감 있는 관광버스를 타고 잘 닦여진 도로를 빠르게 달렸겠지만 그 시절에는 지금의 관광버스 수준이 아닌 옛날 시내버스 수준의 차를 타고 장거리를 툴툴거리며 달렸으니 아찔한 생각에 가슴에 찌릿함을 느끼게 된다. 그래도 우리는 그 아찔했던 수학여행의 시절을 잊을 수가 없다. 따라서 여행 중의 으뜸은 학창시절에 다녀왔던 수학여행을 첫 번째로 꼽는다.

학창시절 설레며 손꼽아 기다렸던 그 여행의 흔적과 추억들은 단기간에 사라지지 않고 무의식 속에 각인되어 시도 때도 없이 새록새록 되살아나서 먼 옛날로 돌아가고는 한다.

한때 중학교는 수학여행을 경주로 가고 고등학교는 설악산이 대세였던 시절이 있었다. 수학여행의 실무 책임자인 학년주임은 여행 계획의 수립과 현지답사, 실무 진행의 평가회의 등은 물론 학년 전체가 외부로 나가서 심신 단련과 호연지기를 기르기 위한 행사이므로 여간 신경이 쓰이는 게 아니었고 긴장의 연속선상에 놓이게 된다.

차창 밖으로 보이는 세상의 아름다움을 감상하며 여행 첫날 어머니가 정성껏 싸주신 김밥으로 점심을 때우고 저녁부터는 숙소에서 제공하는 단체 급식을 먹게 되는데 색다른 맛과 묘미에 기대감을 갖고 환희에 젖고는 한다.

주임선생님이 계획하고 입안해서 작성하는 여행 계획서는 온갖 미사여구로 가득 차 있다.

자연에 동화되어 호연지기를 기른다, 미래의 주인공으로 자신의 미래를 설계한다, 다양한 체험학습 과정을 통해 사회 간접 경험을 내 안의 주춧돌로 형상화한다, 하늘이 준 기회로 숙식과정을 통해 가정의 중요성과 보은의 정신을 심화시킨다 등이다.

여행을 떠날 때에는 눈썹도 짐이 되고 거추장스러우니 집에 두고 가야 한다는 말이 있다. 여행에서 얻을 수 있는 정신적인 것과 부수적인 것 그리고 필요한 사항들을 얘기하면서 왠지 모를 불안감에 이것저것 필요할 것 같은 짐을 가방에 챙겨야 한다.

학생들과 떠나는 수학여행은 들뜨고 설레고 흥미진진하지만 교사에게는 곤욕이 아닐 수 없다. 안전 문제를 비롯해서 신경 써야 할 것들이 한두 가지가 아니기 때문이다.

달리는 버스 안이나 유람장소, 숙소에서 일어나는 수많은 일들은 위험요소를 내포하고 있기 때문에 긴장의 끈을 놓아서는 커다란 화를 당할 수 있다. 더군다나 남녀 공학 학교에서 야영이나 여행을 떠날 때는 신경이 곤두서서 머리가 지끈지끈한 상태가 여행기간 내내 지속된다.

가스버너를 사용해야 하는데 알코올버너를 사용하여서 화상을 입어, 아닌 밤중에 홍두깨라고 구급차를 불러서 응급실로 직행해야 하고, 그 와중에서 여학생 숙소로 진입해서 문을 걸어 잠그고 디스코파티를 여는 등 상상을 초월하는 수많은 일들이 종종 벌어지곤 한다.

경주 수학여행, 설악산 수학여행, 제주 수학여행 등 모든 여행이나 야외학습 활동은 교사에게는 커다란 짐이 되고 예민한 시기가 된다.

안산 소재 고교에 근무할 때 학년주임으로 15학급을 이끌고 설악산 수학여행을 갔을 때의 일이다.

담임교사는 그 학급만 책임지면 되지만 학년주임은 실무 집행을 담당하기 때문에 학교 출발시점부터 도착시점까지 초긴장 상태가 지속되어 홍역을 앓게 된다.

수학여행의 둘째 날 새벽 비룡폭포 관람에 이어, 신흥사, 흔들바위, 울산바위 코스를 진행하는 와중에서 구토와 어지럼증이 심하게 와 나를 견딜 수 없는 고통으로 진입시켰다.

교감선생님도 얼굴이 사색이 된 나에게 아이들 인솔은 걱정하지 말라면서 속초 시내 병원행을 권하였다. 신흥사 입구까지 택시를 호출하고 속초 시내 이름 있는 내과를 기사에게 부탁했다.

내과에서 진료를 받은 결과 의사는 나에게 큰 병원으로 빨리 가보라고 권유하여 나는 속초 의료원을 찾아갔다.

뜻밖에도 병명이 급성맹장복막염으로 급히 수술을 해야 한다며 의사는 수술 집도에 들어갔다.

나는 수술대에 덩그러니 누워서 의사의 수술 집도에 앞서 내가 걸어온 교직의 길을 반추해 보았다. 그것은 최선을 다 했는가에 대한 날카로운 질문과 평가를 요구하는 것이었다.

어느새 나도 모르게 반성과 회한의 뜨거운 눈물이 눈가에서 볼을 타고 흘러내렸다. 나는 이 수술이 잘못되면 이승에서 저승으로 위치 전환을 할지도 모른다는 불안감보다는 내가 지금까지 아이들에게 저지른 교사로서의 부끄러운 모습에 대한 질책이 함께했다.

오늘 의사의 수술 집도로 교사로서의 오만과 숱한 오류도 같이 도려내길 바랐다. 나는 새로 태어나지 않으면 안 된다는 신의 명령이 가슴을 파고들면서 괴로워해야 함을 인지했다.

외과 의사가 수술실에 입장한 후 곧바로 전신마취에 나를 잃고 말았다. 마취까지 한 기억은 나는데 그 후는 눈을 떠보니 입원실이었다.

수술이 성공적으로 끝났다는 사실을 알고 밀려오는 슬픔이 눈시울을 적시며 그 눈물이 나를 달래고 있었다.

입원실에서 마취가 풀리고 어느 정도 통증이 가라앉았을 무렵에 나는 교감선생님에게 자초지종을 설명했다. 교감선생님은 곧바로 부천집으로 연락하셨는데 집에서는 설악산에서 아이들을 인솔하는 과정에서 맹장수술이라는 것이 의아해서 낙상 사고로 사망한 것으로 추정하고 가족 여럿이 단단히 마음먹고 부천을 출발하여 속초 의료원으로 출동하는 해프닝이 있었다.

학생들이 묵은 숙소에서도 숙박업을 수십 년 운영했지만 인솔 학년주임이 맹장복막염수술로 병원에 입원한 경우는 처음이라고 병문안을 와서 얘기하며 한바탕 웃었다.

학생들이 걱정되어 3일 만에 퇴원을 해서 양양 비행장에서 김포공항에 내리니 가족들이 기쁘게 맞이해 주었다.

그 해에 공교롭게도 교감 강습이 나와서 교육에 들어갔는데 수술 부위가 아물기 전에 퇴원을 해서 덧나는 바람에 교감 강습 도중에 악전고투를 하는 해프닝도 있었다.

교사에게 평소 건강관리는 강 건너 불구경하는 것과 마찬가지이다. 하루에 빠듯하게 짜인 일정을 접고 내가 몸이 아프니 병원에 가야 한다고 빠지는 것은 쉽지 않은 일이다. 자리를 비우면 학생들을 자습을 시켜야 하고 자습은 노는 것이나 마찬가지라고 학생들은 생각하고 행동한다.

옆 반 선생님이 관리를 하기는 하지만 그 또한 형식적으로 흐를 수밖에 없다.

자기 수업하기도 바쁘고 자기 반 관리하기도 어려운데 이웃 반 관리는 더 힘들고 그저 아이들이 떠들지 않도록 하는 정도로 그치게 된다.

수학여행 중 사고는 예측불허이고 방심하게 되면 크든 작든 사고가 부지기수로 일어난다.

학생들은 학교의 교육과정에 얽매어서 늘 다람쥐 쳇바퀴 돌듯 생활을 하다가 바깥세상을 구경하게 되면, 마치 새가 새장을 벗어난 것처럼 해방감에 도취하게 된다.

젊음의 혈기는, 짧은 여행 시기를 모닥불 피우듯 맘껏 자유를 만끽하고 싶고, 더욱 또래 친구들과 함께할 수 있으니 신바람이 날 수밖에 없는 것이다.

수학여행에서 학생들은 밤샘을 하며 놀기 위해서는 음주를 필수로 생각하는 듯하다. 술의 힘을 빌려서 맘껏 하루살이처럼 모든 것을 걸고 싶다는 것을 토로한 학생도 있었다.

현관을 교사들이 순번을 정해가며 물샐틈없이 경비를 하기에 학생들은 윗옷을 묶어서 밧줄을 만들어 창문에 설치해서 탈출하여 술을 사오는 진풍경까지도 벌인다. 또 사이다 병에 소주를 담아 위장하여 집에서부터 술을 가지고 오기도 한다.

만취된 학생은 설악동 큰 냇가로 가서 찬물에 집어넣어 정신을 차리게 한다지만 아무리 여름이라 해도 심장마비를 가져올 수 있음에 주의를 기울여야 한다. 남학생은 여학생 방에, 여학생은 남학생 방에 교묘히 숨어들어가서 불을 끄고 음악을 낮게 틀어놓고 밤새도록 춤에 빠지는 경우도 있다.

수학여행의 밤은 여행을 자유롭게 즐기고 싶은 학생들의 기발한 아이디어와 이를 통제하여 사고를 미연에 방지하려는 교사들과의 치열한 지혜 대결이 불꽃 튀는 밤으로 볼만하다.

도우미 문화

도시는 늘 사람들이 넘쳐나고 생업(生業) 위주로 분주하게 움직인다. 삶의 모습도 다양성이 엿보이고, 느림보다는 빠름, 여유보다는 민첩함, 공동체 의식보다는 개인주의가 우선한다. 도시를 걷다 보면 여기저기에서 심심찮게 분쟁이 나고 다툼으로 시끄럽기만 하다. 도시가 만원이라는 자연적인 현상에서 오는 특성이리라.

시장은 도시의 축소판이라고 할 수 있다. 시장을 시점에서 종점까지 왕복하면 걷는 재미도 쏠쏠하고 삶의 역동성이 가슴에 진하게 와 닿는다.

갑자기 사람들의 웅성거림에 가던 길을 멈추고 발길을 고정시킨다. 귀가 멍할 만큼 요란한 음악소리와 함께 개선문을 본뜬 아치에 개업을 축하하는 커다란 사람 모양의 풍선이 매달려 있음은 예사롭지만은 않다.

개업 잔치가 굿판처럼 별나고 시끄럽게 진행된다. 홍보 효과를 극대화하고 판매로 이어지게 하려는 행사 도우미의 현란한 춤과 달변의 말솜씨는 논리성은 약하지만 수준급이다.

무관심이 대세인 현대사회에서 소비자의 이목을 끌기 위해 매장 Open 이벤트는 그야말로 필승을 위해 필사적으로 달려든다.

도시에서 행사 도우미를 심심찮게 접할 수 있는 것은 누이 좋고 매부 좋은 점주와 도우미의 천생연분이 낳은 신직업군으로 부상하면서 점차 확산일로에 있다.

도우미라는 이름으로 직업 세계에 진입한 것은 그리 오래된 일이 아니다. 도우미의 역사는 1993년 대전 엑스포에서 행사의 성공을 위해 조력하는 사람을 모집한 데서 비롯된 것이라고 한다.

도우미의 확산은 노래방 도우미에서도 유래를 찾아야 할 것 같다. 원래 노래는 가사에 곡을 붙여서 부르게 되는데 생각보다 노래를 한다는 것이 음정 박자 맞추기가 쉽지 않고 어려움이 따른다. 음표의 높낮이에 따라 목소리를 만들어 주어야 하는데 가사 박자 음색 호응도 모두 난해함이 따른다.

노래를 잘하는 사람은 박수 소리가 크지만, 노래를 시원찮게 부르면 부르는 사람도, 듣는 사람도 신이 나지 않고 분위기가 가라앉으며 의기소침해진다. 그런 연유로 노래방 도우미가 도입되었는데 지금은 그것이 변질되어 이미지가 추락해서 막장 직업이라는 취급을 받는 것은 안타까운 일이다.

노래방 도우미는 밑천 없이 쉽게 돈 벌 수 있다는 소문에 귀가 쫑긋해져서 고개를 내밀지만 애환도 많고 얘깃거리도 많은 것이 사실이다.

일본에서는 로봇 가정도우미가 개발되어 실전에 배치되어 활약하고 있는 광경을 접하면서 신기하면서도 만만치 않을 파장에 걱정을 하기도 한다.

로봇 가정도우미가 밥을 비롯해 음식 만들기, 청소하기, 빨래하기는 물론 가정 내에서의 잔심부름까지 도맡아 할 때, 로봇의 위상은 어떻게 될 것인가를 미루어 짐작하게 된다.

엄마는 아이에게 동화책을 읽어주면서 온갖 잔소리를 퍼부어댄다. 듣는 태도가 옳으니, 그르니, 자세를 지적하고 이해를 하는지 못하는지 이해력 여부를 질문하고, 재미있게 즐기기를 바라는 아이는 엄마의 잔소리에 짜증으로 맞대응을 하는 진풍경이 벌어지는데, 로봇 가정도우미가 들려주는 동화는 부질없는 잔소리를 하지 않을뿐더러 듣는 이의 요구에 아주 잘 부응해서 들려주니, 엄마의 동화 이야기보다 로봇 가정도우미의 동화를 더 선호한다는 것이다. 그렇다면 엄마의 자리는 어디이고 엄마란 존재는 아이에게 무엇을 의미한단 말인지 곰곰이 생각해 볼 필요가 있다.

여기서 법률 도움을 받으려다가 실패한 나의 경우를 적어본다.

30여 년을 경작한 과수원을 헐값에 토지 수용하려는 한국토지공사의 나쁜 짓에 토지주인 나는 중앙토지수용위원회에 이의 신청을 낸 바, 국가기관끼리 해먹는 짓거리는 내 손을 들어주지 않았다.

법률 지식이 얕은 나는 법률구조공단에 도우미 변호사를 찾아 세 번의 법률 상담을 받았다. 그 과정에서 놀란 것은 변호사가 상담자인 나만도 전후 사정을 파악하지 못하고 대법전을 뒤지고 대법원 판례를 찾기에 여념이 없는데 기가 찬 적이 있다.

그 변호사는 끝내는 일반적인 법률 지식만 내게 전하고 자기 전문분야 외에는 잘 모른다는 얘기를 솔직하게 시인하였다.

도우미의 도움을 받으려는 내 생각이 잘못이라는 것을 깨닫는 순간이었다. 그들은 사법시험을 패스했지만 자기 전문분야 외에는 막연하게만 아는 정도였다. 실망스러웠지만 그래도 우리는 도우미들에게 따뜻한 눈길을 보내고 살며시 손도 잡아주면서 격려하고 힘을 보태는 말로 응원을 해야 한다고 생각한다.

새로운 직업이 자리를 잡아가기까지는 사람들의 전폭적인 동의를 필요로 하기 때문이다.

우리는 직업에 대해 커다란 편견을 가지고 경사각을 작용한다. 한때는 환경미화원을 쓰레기 처리하는 사람이라고 홀대하고 하찮게 생각한 적이 있었다. 이는 얼마나 잘못된 시각이었는지 가슴에 손을 얹고 반성하게 된다.

실제로 그런 직업을 가진 분들이 아니면 어느 누가 동네의 수많은 쓰레기들을 치울 것이며, 쓰레기로 악취와 오염이 가득한 동네는 어찌할 것인가.

그분들에 의해 청결하고, 산뜻하고, 깨끗함이 유지되는 환경을 만들 수 있다는 것이 얼마나 고맙고 감사한 일인지 우리는 그분들에게 응원의 박수를 보내야 한다.

우편가방의 무거움을 이겨내며 우편물을 배달하는 우체부를 비롯해, 우리가 주문하는 상품을 집 앞까지 배달해 주는 택배도우미 등등, 우리 사회에서 수많은 도우미 분들이 그늘진 곳에서 우리에게 많은 도움을 주고 있음을 생각하게 된다.

학교에서는 학생회 주관으로 일 년에 한 번씩 열리는 축제가 어느 학교에서나 존재한다. 학생들의 사기진작(士氣振作)과 협동, 단결, 휴식 등 여러 의미가 내포되어 있는 축제이다.

축제는 맛과 멋을 첨가하기 위해 전통적으로 내려오는 체육대회, 각종 전시회, 재능 장기자랑, 음악 발표회, 요리솜씨 뽐내기 등이 대세이다. 그리고 다양한 메뉴가 등장해서 학생들의 눈높이를 높이려는 시도가 잦다.

그런데 언제부터인가 행사를 주관하고 수준을 Up시키는 전문 도우미 업체가 생겨나서 학생들은 이들을 불러달라고 야단법석이다.

적지 않은 예산이 들어가서 망설이다가도 아이들이 원하니 초청하게 되고, 기대 반 우려 반이 나를 압박하지만 그들의 전문성은 역시 뛰어나고, 축제를 성공으로 이끄는 데 큰 역할을 함을 알게 되었다. 행사 도우미를 불러 쓰고 난 다음 내 나름대로의 평가였다.

교육 관련 도우미 문화가 퍼져가면서 교육강국을 뒷받침할 날을 기대해 본다.

곡예인생의 환희

어린 시절 우리 마을에 서커스 공연단이 들어오면 마을이 축제 분위기에 휩싸이고 그 들뜬 분위기는 서커스 공연단이 마을을 떠날 때까지 계속된다.

볼거리나, 들을 거리가 희귀했던 시절이라 초등학교의 가을 운동회나, 어쩌다가 학교에서 밤늦은 시간 계몽 위주의 영화 상영, 그리고 유료인 서커스 공연단의 마을방문 등에 사람이 몰리는 것이 전부였다.

서커스는 공연자의 재능을 눈으로 즐기면서 그 조마조마함이 스릴 만점인 곡예의 종합예술이다. 곡예단의 기기묘묘한 재능을 선보일 때마다 사람들의 시선을 빼앗고 위험을 이겨내는 긴장감에 시간 가는 줄 모르는 매력이 넘치는 공연이다.

서커스는 관객에게 보고, 듣고, 느끼는 즐거움을 선물한다. 또한 서커스의 이면에는 누구나 곡예사처럼 살아온 인생의 단면을 보는 것 같아 공감하게 되고 프로그램 내내 박진감에 푹 빠져든다.

서커스는 난이도가 낮은 단계에서, 높은 단계로 옮겨가면서, 긴장감을 낮추기도, 아슬아슬한 긴장감을 높이기도 하면서, 스트레스를 해소시키는 묘미가 있다.

서커스 단원이 묘기를 개발하고 완숙한 연기를 보이기까지의 과정은 땀과 눈물이 쌓여서 이루어 낸 금자탑이다. 거듭되는 연습을 통해 숙련도가 높아질 때까지 실패와 성공을 거듭하면서 자기 것으로 만드는 과정을 상상해 본다.

서커스는 재능의 보고이고 종합예술의 단면을 보는 느낌이다. 서커스에는 인생이 축소되어 담겨있고, 사람들에게 보고, 느끼는 즐거움을 선사한다. 또한 위험한 곡예를 통해 사람들의 긴장감을 극대화시키는 행위를 반복해서 보여준다.

서커스 문화의 첨단을 달리는 북한이나 중국의 서커스 공연을 감상하노라면 놀라움을 금할 수가 없다. 세계 최고 수준임을 누구도 부인할 수가 없을 것이다.

그들은 어린 시절부터 재능만을 가르치는 특수 과정을 창안해서 집중교육을 실시한다.

그들의 기능을 갈고 닦는 것은 어린 시절부터 모방심을 자극하고 유연성을 하나하나 숙련시켜 나가는 것이 곡예사로서의 성공 확률이 높기 때문이다.

사람이 '만물의 영장'이라는 말이 꼭 들어맞는 것 같다. 보고, 듣고, 느끼면, 곧 따라 하는 것이 사람이다.

흉내 내기의 으뜸이라는 원숭이도 아닌 사람이 훈련을 통해 공중 곡예, 고공에서 외줄타기, 공중에서 회전하기, 마술쇼 하기, 외줄자 전거 타기 등 멋진 곡예기법을 관객에게 제공하게 할 수 있다는 것에 우레와 같은 박수를 보내게 된다.

예전에 곡예사는 하층 부류에 속하는 사람들이 생계를 유지하기 위해 마지못해 선택한 일이거나, 갈 곳 없는 사람들이 열악한 환경에서 집단합숙을 하면서 곡예 기술을 익히는 경우가 다반사였고, 그들을 보는 시선은 시키는 대로 움직이는 꼭두각시에 불과했었다.

개중(個中)에는 곡예사들의 뛰어난 묘기에 감탄하면서도 가엾다는 평가를 하며 동정을 보이는 사람도 있었다. 하지만 최근에는 그들의 달란트(Talent)를 높은 수준의 예술로 평가하여 영상매체(映像媒體)에서도 특별한 날 방영하여 그들의 자존감과 가치를 높여주고 있다. 안타까운 것은 특별한 날 방영이라는 단서가 붙는다는 것이다.

우리나라는 상업화의 급격한 진전으로 곡예사들이 점차 줄어들고 공연 횟수도 적어지면서 밥벌이가 되지 않는 곡예사의 길을 희망하는 사람도 점차 급감하였다.
곡예 기술을 습득하려고 인내하면서 기법을 익히려는 의지보다는 어렵고 힘든 일을 기피하려는 생각이 우선되어 쉬운 일자리를 찾아 이동하기 때문이다.
또한 문화가 발달하면서 볼거리, 즐길 거리가 많아져 곡예사의 재능에 흥미를 덜 느끼게 되고, 한정된 공간 안에서 똑같은 프로그램으로 진행되는 서커스를 관람하기보다, 화려하고 아름다운 색채가 동원되는 첨단예술에 더 관심을 보이며, 자신들이 직접 체험하고 함께 즐길 수 있는 활동적인 프로그램들이 흥미도 돋우고, 감성도 자극하기 때문에, 참여할 수 없는 곡예사의 묘기는 지나간 볼거리로, 추억의 한 페이지로 넘어가게 된 것이다.

옛 정서에 맞는 곡예사의 묘기가 있듯이 지금의 정서에 부합하는 다양한 문화예술이 있기 때문이다.

문화예술의 시대적 변화도, 사람의 살아가는 과정도, 끊임없이 변화를 거듭한다. 피땀 흘리며 일궈낸 곡예사들의 삶 속에도 애환이 있듯이, 사람이 살아가는 동안에 수많은 변화와 역경과 고난에 부딪치게 된다. 실패하고, 재기하고 성공하고, 다시 일어서고를 반복하면서 좌절하기도, 절망하기도, 자존감이 상승하기도, 스스로를 대견해하기도 한다.

주어진 환경에서 자신의 생활에 최선을 다하며 살아가는 것이다. 목표를 향한 삶은 고단하고 힘들지만 목표에 근접하는 성공을 거두었을 때의 환희는 상상을 초월할 만큼의 기쁨이 넘친다.

곡예사의 삶 속에 내재되어 있는 고난과 인내, 결실의 아름다운 생활 모습은 곧 누구나의 인생의 모습이다. 겪으면서 얻는 것이 삶의 과정이지 않는가.

알렉산드르 푸시킨의 "삶이 그대를 속일지라도"라는 詩처럼 "현재는 언제나 슬픈 것, 슬픔을 견디면 머지않아 기쁨이 오리니, 지나간 것은 언제나 그리워지는 것"이라고 하듯, 지금 목표하는 일들이 잘 안 풀리고, 고난의 연속이라도, 길 잃지 않고, 꾸준히 노력해 나가면 기쁨이 찾아온다는 미래 지향적인 메시지와 지나간 삶을 반추해 보면, 그 시간은 보석처럼 빛나는 시간으로 그리워진다는 심오한 내용을 담고 있어, 새삼 지나간 시간에 대한 추억에 젖어본다.

내가 어린 시절 서커스단에서 보았던 곡예사의 놀라운 묘기들을 TV를 통해 어쩌다 접하게 되면 옛날의 그 감정이 그대로 살아나지는 않는다.

곡예사들이 서커스의 새로운 기술들을 창안하여 더 화려하고 멋지게 성공해내지만 그 시절의 그 감동은 지금 느낄 수 없고 그저 가슴 한편에 경이롭고 신비로웠던 기억으로 남아있을 뿐이다.

공연이 활발했던 시절의 곡예사는 자신의 노력으로 이뤄낸 묘기들이 성공했을 때 느꼈던 환희의 그 순간들을 지금도 기억하고 있을까라는 생각이 들면서 그 기쁨의 순간들을 다시 맛볼 수 있도록 그들의 활로(活路)가 넓게 열리길 응원한다.

포도밭 풍경

부천군 소래면에 소재했던 우리 포도밭은 과수원 조성 과정의 일화도 갖가지이고 추억도 무궁무진한 그야말로 이야기 곳간이라고 할 수 있다.

우리 집이 포도농사를 시작하게 된 연유는 부친의 공무원 봉급으로는 가족의 생계가 턱없이 부족하고 때로는 위협을 받게 되어 무언가 부업을 통해 보조 수입을 얻어야 하는 절박함에서 가족회의를 거듭한 끝에 결정된 사안이다.

과수원은 약 15° 정도의 경사가 있는 1,500평의 구릉지에 있었고 포도나무 묘목을 식재했을 때의 기쁨과 뿌듯함은 지금도 잊을 수 없다. 그 환희는 이승의 삶을 마감하고 귀천하는 날까지도 가슴에 짙게 남아 있을 것 같고 저승에서도 다시 한 번 포도농사를 지어야겠다는 황당한 생각을 하기도 했었다.

포도나무는 인류역사의 시작과 궤를 같이하고 지역을 뛰어넘어 그 특유의 향과 맛으로 우리들을 기쁘게 한다.

구약성서 창세기 편을 보면 "노아가 농사를 시작하여 포도나무를 심었더니"라는 구절이 있고, 요한복음에도 "나는 포도나무요 너희는 가지로다. 내 안에서 머무르고 너도 그 안에서 머무르는 사람은 많은 열매를 맺는다"라고 쓰여 있는 것이 사람들과 포도나무는 가까웠음을 뒷받침한다.

우리나라에는 유럽의 지중해 지방에서 중국을 거쳐 고려시대 이전에 포도나무가 들어 왔다는 설이 있다. 초기에 야생 상태일 때는 포도 열매가 시고 떫고 쓴맛을 가진 열매였는데 육종학 분야의 학자들이 눈부신 연구를 거듭한 끝에 오늘날의 캠벨과 거봉 포도가 여름 입맛을 잡는 대표 품종으로 자리 잡게 된 것으로 생각된다.

포도 농사는 인건비가 적지 않게 들어가고 잔손질이 많이 가는 농사이면서 수확을 해서 위탁판매를 하는데, 이것 떼고, 저것 떼면, 남는 것이 없는 장사이다.

그러나 여러 가지 조건들이 잘 맞춰져 운이 좋으면 단번에 큰돈을 쥘 수도 있다는 생각이 포도 농사의 매력을 갖게 한다.

또한 과일 농사에 매달리는 것은 전통적으로 이어져 내려오는 벼농사로는 그야말로 가족들의 입에 풀칠하기조차 어려운 경우가 많이 생긴다. 그러기에 벼농사에서 탈피해서 과수농업으로 손을 뻗치고 보험을 드는 셈치고 너도나도 달려들어 과일 농사를 짓는다.

포도 농사는 봄이 오기 전에 전정가위를 들고 일 년 내내 신나게 뻗어나간 가지치기로부터 농사일이 시작된다. 줄기에서 2~3 눈을 남기고 과감하게 잘라내야 새 눈이 탄력을 받고 뿌리에서 강하고 줄기차게 빨아들인 물과 거름이 힘이 되어 싹을 내밀고 성장 동력을 받게 된다.

봄에 나오는 포도가지의 새순을 보면 가을의 포도나무 열매 수확 정도를 가늠하게 되고 풍년인가 흉년인가를 점칠 수 있게 된다.

새순이 뻗어 나오면 솎아서 실한 가지를 철사 줄에 묶어주어야 하며 잘 부러지는 특성이 있기 때문에 아기 목욕시키듯이 조심조심 긴장하면서 작업에 임해야 한다.

포도밭의 비료는 양계장에서 나오는 닭똥을 구입해서 적절하게 땅 힘을 높일 수 있도록 시비하는 것이 중요하다.

포도 농사의 난점은 소독을 자주해 주어야 한다는 것이다. 줄기와 잎 그리고 새끼포도는 연약해서 병해충이 침입해 농사를 망치는 경우가 생겨서 잦은 소독으로 각종 병균의 진입을 차단해야 한다.

포도나무에 소독을 할 때 소독약으로 항생제를 쓰는데 내 경험으로는 마스크를 해도 약간씩 소독약을 흡입하게 되는 것을 막을 수 없기 때문에 항생제 중독 그것이 힘들기만 했다.

새끼포도가 포도알의 형태를 띠게 되면 알을 솎아내는 것도 만만치 않은 일이다. 실하고 실하지 않은 녀석을 육안으로 판단해서 잘라내야지 그 열매들을 모두 데리고 가면 색이 곱지 않은 바라포도로 변해 버려 힘들게 지은 포도 농사를 망치게 된다.

포도알이 크기를 더해 가면 여름날 태풍이 급습하기 전에 포도에 종이봉지를 씌우고 단단히 견고하게 묶어주는 일도 만만치 않은 작업이다. 포도 하나하나에 전부 종이봉지를 씌워야 하기 때문에 손도 많이 가고 시간도 많이 걸리는 까다로운 작업이라 신경이 많이 쓰이는 일이다.

어느 해 태풍의 위력은 대단하여 포도나무 기둥을 송두리째 뽑아 넘어뜨리는 불상사가 있었다. 수 년 동안 정성껏 키워 낸 포도나무가 부러지고 뿌리째 뽑혔을 때의 그 절망감과 슬픔은 가슴을 도려내는 것 같았다.

7월의 여름 끝 무렵에 들어서면 포도가 익어가면서 포도밭의 높은 위치에 원두막을 지어야 한다.
밤새 원두막에서 포도서리를 대비해 지키는 일은 보통 일이 아니다. 모기떼가 쉴 사이 없이 달려들어 나의 고귀한 피를 흡혈할 때면 잠을 못 자는 고통보다 더 짜증스럽다. 모기장을 치기도 하지만 밤새 웽웽거리는 모기소리를 음악소리로 들으며 그 고통을 이겨내야 한다.

탐스럽고 까맣게 잘 익은 포도는 향기도 좋고 맛도 뛰어나서 한해 농사의 클라이맥스(Climax)인 수확기에 접어든다.

달콤한 포도 따기, 열매 하나하나 다듬어 보기 좋게 포장하기, 트럭에 실어 도매시장으로 이동하기, 시장에서 판매하기 등 모든 사람이 총동원되어 부지런히 움직여야 한다. 동대문이나 남대문 시장의 과일 도매상으로 넘어가면 입찰에 붙여서 포도가 팔려 나간다. 그리고 며칠 후에는 생산자에게 계산서가 도착하고 팔린 금액의 돈이 입금되면 한해 포도 농사는 수확의 기쁨을 맞게 되기도 하고 아쉬운 마음이 들기도 한다.

포도 농사를 10년여 동안 지어 보았지만 재미를 본 해는 3년 정도일 뿐이고 7년 동안은 본전치기 내지는 손실을 본 손익계산서에 아연실색하게 된다.

그 원인을 분석해 보면, 전문적인 포도 농사꾼으로 전략을 잘 세우고 풍부한 경험을 바탕으로 접근해야 좋은 결과를 창출해 낼 수 있는데 우리는 아마추어리즘(Amateurism)에 빠져 이렇게 하면 되지 않을까 하는 막연한 생각으로 일을 망치게 되는 것이 과일 농업에서도 여실히 입증된 것이다.

우리는 오랫동안 지은 포도 농사를 접고 배 농사를 시작해서 온 가족이 또 매달려 보았지만 이것 역시 쉬운 일이 아님을 체험을 통해 알게 되었다.

포도 농사의 교훈을 가슴에 새기며 선생님들의 교육활동을 견주어 본다.

한 알의 씨앗이 땅에 떨어져 싹을 틔우고 쑥쑥 자라서 열매를 맺기까지 농부의 정성과 헌신, 돌봄은 선생님들의 교육활동과 일치한다.

사람도 정성과 땀과 노력이 미치지 않으면, 기대치는 곤두박질하고, 미래의 풍성한 수확은 제로상태로 변하고, 내팽개친 풀숲처럼 변화하고 만다.

아이들이 귀해진 세상에서 내 아이, 남의 아이 가릴 것 없이 지혜롭고 강한 전사로 키워 세계 시장에 자신 있게 내놓아야 교육강국은 제 몫을 다하게 된다.

바다의 밀어(密語)

　김포공항을 창구로 하늘길을 한 시간 내에 돌파하는 제주도 여행을 즐겼던 우리는 여객선으로 제주를 가는 색다른 체험을 기획하면서 분주하다.

　인천항에서 제주항까지 14시간의 긴 여정이 부담스럽기는 하지만 그 묘미 또한 내 안의 새로운 자리매김을 한다는 기대가 꿈틀거린다.

　한 번도 시도해 보지 않은 것을 실행하는 것도 삶의 활력소를 찾는데 보탬이 될 것이라고 생각하니 입가에 미소도 생기고 마음의 부담도 눈 녹듯이 흔적을 찾을 수가 없다.

　파도는 제멋대로 출렁이는 것 같지만 매우 과학적으로 밀고 밀리기를 거듭하며 춤을 추고 거칠게 일렁인다. 바람의 세기가 가장 큰 요소로 작용하지만 다른 변수가 파도의 크기를 결정하리라 생각하니 또 다른 어지러움이 나를 흔들어댄다.

　인천항을 출항할 무렵에는 태양의 위력이 사라지면서 까만색으로 덧칠을 시작한 밤이 연안 여객선 주변 모두를 뒤덮고 있었다. 까만 밤이 우리를 더욱 까맣게 만드는 바람에 아름다운 풍경을 포착하는 데는 실패한 여행이지만 그래도 즐겁기만 하다.

동지(冬至)가 아닌 하지(夏至)였더라면 짧은 밤으로 인해 바다의 멋진 야경을 즐기면서 제주행을 바라볼 수 있었을 터인데 말이다. 달마저 뜨지 않는 것은 너무 가혹하게만 느껴진다. 어쨌든 배는 칠흑 같은 바다를 가로질러 앞으로 전진을 거듭한다.

바다의 암흑 같은 어둠은 그 어느 것도 시야를 확보해 주지 않는다. 배가 앞으로 전진하며 내는 엔진소리와 물을 갈라놓는 하얀 거품만이 열네 시간을 반복해서 작용과 반작용을 거듭해간다.

카페리는 약 20노트의 속력을 계속 유지하며 목적지를 향해서 나아간다. 침대가 배정되지 않은 서민이 머무는 3등칸의 풍경은 시장바닥에서 느끼는 생활상 그대로를 보여준다.

우리 일행은 3등 객실에 배정되어 서민의 칭호와 함께 14시간 동안 제주항을 향해 달음박질을 계속한다.

항해의 지루함을 달래기 위해 구성원 중의 한 분이 기타를 치며 노래하는 행운을 우리에게 선물한다. 손뼉을 치고, 머리와 어깨는 좌우로 흔들며, 박자를 맞추고, 때론 엉덩이도 들썩거리는 것이 제법 흥에 겹고 즐겁다.
노래하다 지루하면 배도 깎아 먹고, 밤도 쪼개어 나눠 먹고, 재미있는 여행을 하기 위해 모두들 애쓰는 모습이 역력하고 멋지게 보인다.

흥겨운 음악회도 지루해질 무렵이면 모두 배편으로 나가서 밤바다를 가르며 부지런히 목적지를 향하는 배의 모습도 보면서 무료함을 달랜다.

현재 어느 지점을 가고 있는지 여기가 거기고 거기가 여기인 것만 같다.

3등 객실에서 2등 객실은 어떤가 궁금하여 지나가면서 엿보았지만 침대칸만 있을 뿐 협소하기는 마찬가지이며 오히려 오픈되어 있는 3등 객실이 더 여유로울 것 같다는 지레 짐작을 해 본다.

카페리도 연안 항구에서 멀어지면서 파도가 엄습해오니 모두들 바닥에 담요를 깔고 모르는 남녀가 혼숙으로 들어가는 진풍경이 연출된다. 동서남북 어느 방향을 향하여야 하는 규칙도 없이 각자 편한 자리에 누워서 잠을 청하지만 조용해질수록 규칙적으로 돌아가는 선박의 엔진소리는 더 크게 들려 신경이 쓰이고 곤한 잠에 빠져들 수가 없게 된다.

자는 둥 마는 둥 준수면 상태로 개운치 못한 밤을 보내는 사람과 수면제를 복용하며 잠을 청하는 사람, 책이라도 보려고 하는 사람 등 여러 방법 등을 동원하여 잠을 청하려고 해보지만 효과는 별로인 듯 눈들이 말똥말똥 그냥 까만 밤을 지새우고 있다.

제주항에 가까이 오면서 여명이 밝아오고 새벽 바다의 풍경이 산뜻하게 시야에 들어온다. 참으로 긴 시간을 항해했음을 실감한다.

여명이 밝아오는 것을 아는지 모르는지 우리들이 승선한 배는 앞을 향해 전진 또 전진을 거듭한다. 배는 평생을 쉼 없이 뛰어야 하는 심장의 고동소리처럼 멈춤을 허락하지 않는다.

우리 몸 안의 모든 장기들이 휴식을 할 수 있건만 심장은 평생을 같이 뛰어야 하니 신의 대단한 작품이요 특허 중의 특허라 할 수 있다.

여명이 동터옴과 함께 배 안은 술렁거리기 시작한다. 긴 밤을 지낸 방법은 모두가 공통점과 상이점을 가지고 있지만 멀리 항구가 우리 쪽으로 가까워짐으로 배 안에 활기가 넘치기 시작한 것이다.

하선 후 꿀맛 같은 해장국으로 허기진 속을 달래며 일정 브리핑으로 소란스럽다.

출발 신호와 함께 올레길을 걸으며 탁 트인 시야에 들어오는 풍경에서 청량감이 느껴진다. 오랜 시간 동안 선내에서 뭉친 스트레스가 일시에 풀리는 듯하다. 긴장되어있던 마음도, 헝클어졌던 마음도 순식간에 사라지고 스트레스는 날아가 버린다.

길가 양쪽으로 잘 자란 당근 잎이 녹색의 향기를 뿜어내고 양배추도, 달랑 무도, 탐스럽게 하늘을 향해 그 날렵한 자태를 싱그럽게 뽐내고 있다.

이국의 정취가 가득한 제주는 지상의 아름다움을 있는 그대로 전부 보여주고 감상하고 느끼게 한다. 그러나 바다는 속내를 드러내지 않는다. 만약 바다가 그 속내를 투명하게 전부 보여준다면 어떤 일이 벌어질까 곰곰이 생각해 보지만 답은 미지수일 뿐 겪어보지 않은 사실이라 예단은 힘들다고 생각한다.

배를 타고 가면서 바닷속까지 들여다볼 수 있었을 때의 모습을 제멋대로 상상해 보는 재미도 묘미가 있다.

바다는 육지에 비해 수줍음이 많은 것일까, 아니면 감추고 싶은 것이 넘쳐나서 공개하고 싶지 않은 것일까 유추해 보지만 답은 찾아낼 수가 없다. 바다의 오묘함, 신비함이 사람들을 더 궁금하게 만든다.

사람은 육지에서 그 옛날부터 맘껏 뛰놀면서 먹을 것, 입을 것, 잠잘 것 등 즉 의식주를 해결하며 살아간다. 그리고서는 바다로 나가 바다에서 먹을 것을 구하고, 이용 방법을 찾으려고 했지만 위험성에 한계를 느끼고 제한된 이용 방법만을 선택했던 것이다. 세상이 바뀌어 이제는 바닷속까지 속속들이 들여다 볼 수 있는 과학기술에서 한걸음 더 나아가 바닷속 자원의 이용에 속도감을 내고 있다.

더불어 하늘로 손을 뻗쳐 달에 가고, 화성에 가고, 태양계를 중심으로 정복을 위한 연구를 거듭하고 있다.

오늘날은 인간의 한계, 과학의 한계를 뛰어넘는 일이 비일비재하기 때문에 길지 않는 미래에 우리는 우주여행이 상용화하는 날이 올 것으로 예단할 수 있다.

제주는 환상의 섬이고 꿈의 섬이다. 이국적인 느낌이 펄펄 뛰는 생선처럼 신선하게 가슴에 와서 닿고, 가고 또 가도 다시 찾고 싶은 마음이 샘솟는 곳이다. 외국인들이 제주에 대해 열광하는 이유는 그들의 잣대로 보고 듣고 느낄 수 있는 갖가지 모습이 감동을 주기 때문이리라.

제주도 올레길을 걸으며 그 옛날 화산이 폭발하고 용암이 흘렀던 당시의 모습과 냄새와 느낌이 살아나는 듯하여 우리의 가슴을 콩닥거리게 한다.

청년스케치

우리의 청년 시절이 눈 깜짝할 사이에 자취를 감추고 언제쯤에나 커서 사람 노릇을 할지 걱정하던 아이들이 어느새 자라 우리의 자리를 메우고 있음에 화들짝 놀라게 된다. 불교에서 말하는 찰나(刹那)는 이런 걸 두고 생긴 말이리라.

청년은 살아있는 화산이 하늘을 향해 솟구치는 용암처럼 몸과 마음이 뜨거운 격동의 시기이다. 또한 생애 과정에서 알 수 없는 나를 규명해 보려고 자문자답이 계속 이어지는 혼돈의 시기이며 다시 올 수도 다시 맞이할 수도 없는 인생의 클라이맥스 시점이다.

청년은 숨겨진 정체성을 찾아 끊임없이 고행하는 봇짐 진 나그네를 연상 시킨다. 쉽게 슬픔에 젖어 들고, 기쁨에 환희를 느끼고, 때론 어눌해지고, 소리 없는 눈물에 가슴을 쓸어내리기도 한다.

고독에 빠져들어 자신을 구박하기도 하고 별것 아닌 일에도 파안대소하거나 갑자기 심각해져서 우울한 모습을 보이기도 한다.

청년은 행동이 때론 거칠기도 하고 깔끔하지도 않지만 그 영혼은 산정에서 샘솟는 샘물보다도 맑고 순수하다. 청년의 주머니는 동전 몇 푼과 천 원짜리 몇 장이 전부이고 빈 쭉정이일 경우도 다반사이다.

대부분 부모로부터 수수하는 알량한 몇 푼을 이리저리 쪼개어서 알뜰하게 지출하지만 늘 적자재정에서 헤어나지 못한다. 그들은 필요한 지출을 위해 아르바이트에도 나서지만 수입은 기대에 못 미치고 그 시간만큼 학문의 정진은 정지 상태로 진입한다.

그들은 늘 재정적자를 안고 살기에 가계부를 적어가며 수입과 지출을 과학적으로 관리하려고 하지만 대차대조표를 작성할 수는 없다. 적자에 허덕인다고 해서 누구 하나 거들떠보지 않으며 누적되어 감에 따라 가슴앓이도 커진다.

청년은 두뇌가 항상 복잡 난해하고 산만하여 불안정한 양상을 띤다.

어떤 생각이 떠오르면, 시작에서 끝까지 명쾌하게 끊고 맺는 재단이 되어, 앞으로 나아가며 진행되어야 하는데, 뭐가 뭔지 몰라서 정리가 안 되고 황망할 때가 많다.

이때 필요한 것은 질곡에서 빠져나오기 위한 강인한 돌파력이 필요하지만 그 또한 시기를 놓치면 우울증이 찾아와서 염세주의로 변모할 수도 있게 된다.

나는 그럴 때마다 현실을 곱씹으며 가까운 고향집 바닷가 모래밭을 찾아 부서지는 파도와 밀어를 나누면서 나를 달래곤 했었다.

바다는 하얀 속살을 드러내며 억겁을 삼킬 것 같아도 심술을 부리거나 성내지 않는다. 같은 모양으로 리듬에 맞춰 바다의 이야기를 내게 쏟아 놓는다. 그 이야기는 바다와 나의 때 묻지 않는 순수한 영혼의 대화이다.

평범한 범인(凡人)은 그 말은 알아들을 수 없지만 바다에 취한 나는 그 말의 의미를 의역하며 듣고 말한다. 그 만남이 계속될 때마다 내 영혼은 살이 찌고 높고 넓고 깊음에 허기가 찾아와도 든든함을 느낀다.

청년은 매사에 자신감이 넘치고 쭈뼛거리지 않으며 패기가 넘쳐 흐른다. 남는 잔에 힘을 어디에 어떤 방법으로 써야 할지를 고민하는 시기이기도 하다.
청년은 용기를 뽐내고 싶고 의심이 가지만 그것을 뛰어넘어 도전의 깃발을 날리어 보며 실패가 두렵지 않은 믿음이 넘친다.
물불 가리지 않고 뜨거운 사랑에 탐닉되었다가 실연을 당해도 다시 시작할 수 있는 기회의 땅을 가진 시절이다.
사업을 하다가 엎어져서 코가 깨져도 다시 일어설 수 있다고 굳게 믿는 시기이기에 크게 데미지를 입지는 않는다.

맥아더 장군은 70세에 인천상륙작전을 성공으로 이끌었는데 그의 사무실에는 사무엘 얼만의 청춘이라는 시가 늘 그의 마음에 자리 잡았다고 전한다.

> 청춘은 장밋빛 뺨, 앵두 같은 입술, 하늘거리는 자태가 아니라 강인한
> 의지, 풍부한 상상력, 불타는 열정이다.
> 청춘은 인생의 깊은 샘물에서 오는 신선한 정신, 유약함을 물리치는
> 용기, 안이함을 뿌리치는 모험심을 의미한다.
> 세월은 주름살을 늘게 하지만 열정을 시들게 하지는 못한다. 영감이
> 끊어져 정신이 냉소하는 눈에 파묻히고 비탄이란 얼음에 갇힌 사람은
> 이미 늙은 것이다.
>
> <사무엘 얼만의 시 「청춘」 - 요약>

청년은 미래를 향해 불을 댕겨야 하고 미래의 역할에 대한 확고한 계획과 신념이 불타는 패기가 있어야 한다. 할까 말까 망설일 필요가 없다.

실패할지라도 두려워하지 말고 받아들여야 한다. 기성세대를 흉내만 낸다면 애늙은이 꼴밖에 얻는 것은 없다.

청년은 혈기가 왕성하고 폭발적이다. 쉽게 뜨거워지고 쉽게 식는 습성이 있다. 그들의 생각은 하늘처럼 높거나 바다처럼 깊거나 광야처럼 넓지는 않다.

청년과는 달리 노인은 웬만한 자극에는 끄떡도 하지 않는다. 더웠다 식었다를 반복한 탓이다. 줄타기의 위험을 마다 않는 곡예사처럼 인생의 순응과 역행을 반복하면서 면역체계가 완벽하게 수립되어 있기 때문이다.

노인의 눈물은 추억의 눈물이다. 그런 까닭에 차가운 눈물이다.
청년의 눈물은 감격의 눈물이다. 따라서 온천물보다도 뜨겁다.
노인은 세파에 민감하지 않고 무디게 반응한다.
청년은 세상을 한 손에 움켜쥘 것 같은 기세가 당당하다.
청년은 노인이 될 수 있지만 노인은 청년이 될 수 없다.

청년들이 진퇴양난의 기로에서 고통을 받고 있다. 학문을 연마하고 몸과 마음을 수련하여 일정 수준에 도달하여 사회에 진출하려 해도 갈 곳이 막혀 오지도 가지도 못하게 되어 버렸다.

기득권층은 자기의 영역을 지키기 위해서 혈안이 되어있고 청년들에게 길을 터주지 않는다. 정년 연장이라는 카드도 조심스레 꺼내서 여론을 살피고 있다. 제 몫을 안전하게 지켜서 페이(돈)를 유지하겠다는 발상이다.

물론 오랫동안 쌓아온 노하우를 버려서는 안 되기 때문에 이를 활용한다는 측면에서 적극 고려해야 한다는 이론이다. 그것은 정년 시점에서 마무리하고 봉사 측면에서 써먹고 후배들에게 길을 터 주어야 한다.

새로운 세상이 물밀 듯이 밀어닥치고 있는데 노년의 묵은 지식을 써먹는다는 것은 큰소리를 내지 못하는 청년의 기개를 꺾는 것 밖으로는 해석이 안 된다. 봉사나 저임금으로 사회에 참여하는 길을 만들어 주고 청년들의 자아실현의 길을 열어주어야 한다.

뜨는 모계(母系)

고교 시절은 밤낮을 쉬지 않고 흐르는 시냇물처럼 학습에 정진하는 시기이다. 생리현상으로 오는 졸음을 쫓으면서 잠을 줄여가면서 당일 배정된 학습의 양을 채워야만 하고 주야장천(晝夜長川)이니 그야말로 길고 긴 여정의 고달픔은 누구나 겪은 일이다.

그 시절 나는 더군다나 주말에 한 번씩은 농사일을 거들기 위해 은행동에 소재하는 논과 과수원에 나가야만 했다.

기교를 필요로 하는 노동력은 여자의 몫이지만 힘을 필요로 하는 노동력은 남자의 손길을 요구한다.

예로부터 강한 힘을 필요로 하는 농사일이 남자의 몫이 된 것도 田+力(밭 전+힘 력)에서 비롯된 것은 누구나 아는 일이다. 따라서 부계사회의 형성은 힘의 바탕을 두고 인류역사를 지배해 온 것이다.

남자를 바깥주인이라고 하고 여자를 안주인이라고 구획정리를 한 것을 보면 조상님들의 현명함이 돋보인다.

지금 생각해 보면 주말에 한 번씩 농사일에 매달려서 땀을 흘렸던 것은 부계사회의 전통을 이어갈 트레이닝의 기회가 주어진 것으로 생각하고 고개를 끄덕이게 된다. 그 당시에는 학습할 시간도 모자라는데 농사일까지 도우라는 부모님 말씀이 답답하고 속상했는데 그게 아니었던 것이다.

모계사회는 부계사회에 반하는 말로 어머니 쪽 혈통이 이어지는 사회이다.

중국의 나시족은 남성과 여성이 결혼을 하여도 한집에 살지 않는다. 어머니와 아이들이 한집에 기거하는데 아이들은 아버지가 누구인지도 모른다.

유엔 미래 보고서에는 2050년이 되면 아버지가 없는 시대가 도래한다고 예측하는데 나시족은 아버지 없는 세상을 벌써 실행에 옮기니 대단한 선진 씨족이다.

원시 난혼시대는 모계사회였는데 부계사회로 점차 이행 과정을 밟는 변화가 온 것이다.

인류 역사에서 모계사회가 부계사회보다 긴 것은 재미있는 현상이다. 모계와 부계의 중요성이 거의 동등하게 인정되는 서양의 쌍계 가족 제도는 이름은 부계를 따르지만 재산은 남녀가 평등하게 분할한다.

불행한 것은 일본은 절대 부계사회이고 고전적 유대사회는 여자를 사람 취급하지 않는다. 또한 몽골은 여자를 재산의 일부로 보기도 한다. 그야말로 여자의 슬픔이고 비극이다.

인류역사를 고찰해 보면 모계사회의 흔적은 길지만 미미하고 부분적이다.

힘을 중심으로 남성은 여성에 비해 長과 短, 大와 小, 高와 低 부분에서 앞서기 때문에 여성은 남성에게 밀렸던 것이다. 그러나 이러한 것이 남성이 여성을 지배하는 수단이 되어서는 안 된다.

힘을 제외한 부분에서는 여성이 남성보다 앞서고 우위에 있다는 것을 오랜 교사생활에서 느끼고 체험한 결과로 얻어진 결론이다.

앞으로 인류가 지금보다 훨씬 발전하기 위해서는 여성의 힘을 빌리는 데서만 가능하다. 남성 위주의 사회는 저물어가고 그동안 잠자고 있는 여성의 힘이 전면에 나서서 한 단계 더 업그레이드시켜 나가야 한다.

남성이 일으킨 문화를 여성이 일으키는 문화로 전환시킬 시점에 놓여있다고 본다. 이제는 부계사회가 지는 해처럼 쇠퇴하고 모계사회가 아침 해 떠오르듯 부상하고 있다.

사회 변화를 갈망하는 현대인의 갈망인지 아니면 일시적인 반짝 현상인지의 여부는 더 지켜보아야 답을 알 수 있지만 말이다.

여성 우위의 시대, 모계가 지배하는 세상의 새벽 닭 울음소리가 점차 커져가고만 있다는 것은 누구도 부인할 수가 없다.

여성은 사회적 약자, 경제적 약자, 지적(知的)능력의 약자, 논리적 사고의 약자라는 기존 관념을 깨뜨리고 음지에서 양지로 남성의 영역을 무섭게 파고들고 있다.

그동안 힘이 지배하는 세계가 종적을 감추고 섬세함과 감성이 지배하는 세계로 배턴 터치가 이루어지고 있는 것을 서러워해야 할 필요 없이 받아들여야 한다.

힘은 농경 사회에서 절대적 가치를 지니고 산업 사회에서도 상대적 우위를 점유하는 것을 부인할 수는 없다.

지금까지의 모든 가치 체계는 항상 선두에 남성이 있고 여성은 남성을 보호하는 수단으로만 가치를 쳐 준 것이다.

오늘날 똑똑한 여성은 소리 없는 총성을 남성 사회를 향해 겨누고 있다. 짓밟힌 여성의 인권에 대해 이유 있는 저항으로 맞선 결과 종교개혁보다도 더 위대한 여성 지위 구축 운동을 강력하게 펼쳐가는 과정에 있다.

부계사회의 모습들은 이제 박물관으로 옮겨지고 있다. 힘의 논리를 지배카드로 사용하는 것은 이제 구시대적 발상이 되고 있다.

음식점을 가보거나 카페나 백화점 시장을 가보더라도 모두 여성들이 차지하고 있고 이상하지만 남성이 평가 절하하는 호스티스라는 직업도 생겨난 지 오래전이다.

여성들은 아이 낳기를 거부하기 시작했다. 아이는 여성을 볼모로

잡아 여성의 사회 활동을 저지하는 사슬이라고 인식하기 때문에 아이 울음소리가 들리지 않는다고 여기저기서 야단법석을 떨고 있다.

베이비 붐 세대가 사라지면서 한민족은 머지않아 지구상에서 소멸할 것이라고 과장된 우려의 목소리에도 귀 기울일 필요가 있다.

아이를 낳으면 낳는 숫자에 따라 지자체에서 수당을 주고, 세금을 감면해 주고, 아이 키우는데 들어가는 돈을 보조해 주겠다고 유인책을 제시하지만 효과는 미지수이다. 필자 생각으로는 이러한 발상이 한국인의 욕심의 표현이라고 생각한다.

노령화 사회가 진행되는 것은 분명하지만 노인을 부양할 젊은이가 없다고 난리를 치는 것은 엄살이다.

한반도 면적으로 보아서 남북한 합쳐 현재 7,500만 명이 살기에는 너무 협소하고 의식주 해결에도 많은 문제점이 있다.

남북한을 합친 인구가 3,500만 명 정도가 알맞을 것으로 인류학자들이 주장하는 것도 망상이라고 비난할 수는 없다.

이제 여성은 그늘에서 살 필요가 없다. 해맑은 양지로 나와 당당하게 남자와 경쟁하면서 여성 스스로의 지위 향상에 힘쓰고 자신의 영역을 높고 깊고 넓게 펼쳐나가야 한다. 주눅이 들거나 여성은 약하다는 생각을 버리고 남성과 동등한 위치에서 자기 계발과 더불어 사회의 일원으로서 능력을 발휘해야 한다.

현대는 힘이 지배하는 사회는 이제 물 건너가고 지혜와 재능 능력이 지배하는 사회로 뚜렷하게 그 모습을 드러내고 있다.

남자를 귀히 여겨야 하고, 남자가 리더가 되어야 하고, 가장이 되어야 하고, 임금을 더 받아야 하고, 승진에 우선권이 주어지는 사고 방식을 털어내야 한다.

교육강국에서 여성은 차별화되어 있는 사회 모순들에 이의를 제기하고 저항해야 하며 우뚝 설 수 있는 능력과 재능을 발휘하는 새로운 세상을 창조해야 한다.

날자! 하늘로

하늘은 이승의 삶을 마친 사람들이 죽음과 함께 저승을 향해 가야 할 미지의 세계이고 영원히 정착할 공간이라고 나름 생각해 본다. 고개를 들어 하늘을 보면 눈에 들어오는 것은 유유히 흘러가는 구름뿐이다.

하늘 저편에 어떤 비밀이 숨겨져 있는지, 생명체는 존재하는지, 존재한다면 어떤 형태인지, 그들의 생존 조건은 무엇인지 전혀 알 수 없고 추측과 가정과 상상이 존재할 뿐이다. 만약 천국과 극락세계가 인간이 만들어 낸 환상의 놀이터라고 단정한다면 종교계에서는 수많은 이견들을 쏟아부으며 나를 공격할 것이다.

파란 하늘을 바라보면 속 좁은 내가 어느새 물거품처럼 날아가고 순간적으로 내 마음은 커지고 이해의 폭이 넓어지며 풍선처럼 부풀어 오른다.

우리가 세상에서 희로애락의 소풍이 끝나는 날 우리는 빈손으로 빈 몸으로 세상을 떠난다. 명예도, 재물도, 욕망도 모두 부질없게 되며 무소유가 진정으로 실현되는 순간이기도 하다.

맑고 청아한 하늘과 랑데부(Rendezvous)를 시작하면 중생의 인간 세계에서 오염된 추한 마음도 정화되어 가고 아름다운 정토의 세계로 진입함을 느낄 것이다.

"왜 사냐 건 웃지요"라는 기막힌 해학의 말을 발견한 윤동주 시인과 "소풍을 끝내고 귀천한다"고 노래한 천상병 시인의 "하늘을 바라보면"도 떠오른다.

지난 세월 이 세상에서 먹을 것 못 먹고, 입을 것 못 입고, 즐길 것 즐기지 못한 우리의 선조들을 생각하면 가슴이 아려오는 것은 지금 하늘을 바라보며 이 글을 쓰고 있는 나 혼자만의 생각이 아닐 것이다.

하루에 세 번 하늘 보기가 마음만 먹으면 그리 어려운 일도 아닌데 우리는 그 순수함을 잊고 산다. 하늘 바라보기를 꼭 실행하여 하늘이 주는 심오한 메시지를 받아서 흐트러진 내 생활을 바꾸고 부끄럼 없이 살아가기를 다짐해본다.

하늘을 보면 구름이 같이 보이고 구름이 흘러가면서 만드는 기기묘묘한 형상의 신비로움에 카메라로 사진을 찍어 많은 사람에게 배포하고 싶은 생각이 든다. 구름은 거침없는 마술사처럼 재능이 뛰어나며 멋지게 그림을 그리는 화가처럼 푸른 하늘에 여러 모양의 그림을 그린다.

파란 하늘과 흰 구름의 멋진 조화는 우리의 가슴을 설레게도 하며 상상의 세계로 이끌기도 한다.

하늘은 구름을 통해 우리에게 메시지도 전달하고 어둠이 깔리면 별들의 잔치에 초대하기도 하며 그 모습이 다정함을 보여준다.

하늘은 아이들에게 놀이터이며, 어른들에겐 천국, 전쟁 미치광이들에겐 핵 표적판이고, 과학자들에게는 우주 여행길이다.

하늘은 노을이 짙게 물들고 대지에 어둠이 내리면 아름다운 별들의 경연장이 된다. 여러 이름을 가진 별들이 어둠을 밝히는 빛은 은은히 엷은 빛이기도 하고 반짝반짝 화려한 빛이기도 하다.

엄마와 아이가 툇마루에 앉아 별 하나 나 하나, 별 둘 나 둘, 서로 번갈아 노래하며 함빡 웃는 정경도 만들어낸다.

별들의 전설을 듣고 친구와도 이야기꽃을 피우며 우정을 나누는 밤을 만들어 주기도 한다. 이처럼 하늘은 우리의 친구이기도 꿈이기도 신비로운 존재이기도 하다.

인간의 무지로 공기가 오염되고 해 맑은 하늘을 보는 것이 점점 힘들어지지만 가을 하늘처럼 청명한 하늘이 늘 우리 곁에 있어 주길 바라는 마음 간절하다.

하늘은 신의 궁전이고 공간이다. 신은 인간에게 하늘의 전부를 공개하지도 개방하지도 않는다. 그곳은 비밀의 공간이고 꼭꼭 숨겨져 있고 감추어져 있기 때문에 상상이 난무할 따름이다. 그래서 늘 숨바꼭질을 거듭한다.

우리들은 그 궁금증을 풀기 위해 하늘로 감을 '소천한다' '귀천한다' '승천한다' '비천한다' 등 여러 가지로 표현한다.

사후에 우리 영혼은 시간도 거리도 속도도 무게도 초월하는 작은 신이 되어 이승에서는 구경할 수도 없는 하늘의 공간을 한없이 떠다니며 유영할 것이다. 즉 유한의 세계에서 무한의 세계로 진입해 마음대로 우주 공간을 날아가게 되지 않을까 생각하게 된다.

어떤 구속도 받지 않지만 신의 뜻에 따라 신만이 통제하는 무생명의 상태로 돌아다니는 것이다.

하늘은 파란색일 뿐 구름이 없다면 단조롭고 재미가 없다. 하늘은 삼라만상을 모두 품고 있으며 그 포용력은 크고도 넓다.

인간이 하늘로 귀천하면 하늘을 다스리는 신(神)의 부하가 된다.

신의 방은 좌우 고저가 없는 무한공간이다. 신의 방에 사는 귀신들은 지상에 사는 사람들이 먹는 음식이 아닌 그들만의 양식을 먹는다.

이승에서는 영혼에 육신이 함께 있어서 살기 위해 먹고, 마시고, 즐기지만, 신의 방에 사는 사람들은 그들 나름대로의 무언의 합의가 있다.

신의 방은 특수하게 제작된 조각배를 타고 구름을 뚫고 대기권을 넘어 기나긴 항해를 해야 한다. 하늘이 어둡고 침침하면 마음도 따라 침울하게 된다. 하늘의 노기에 무서움이 엄습한다. 이것은 어떤 메시지를 우리에게 전하는 것인가 꼬리에 꼬리를 물고 추적을 하게 된다.

하늘이 세찬 비를 쏟아댄다. 대지는 물기를 흠뻑 빨아들이고 발길마다 질퍽질퍽 흙을 밀가루 반죽하듯 찰지게 한다. 빗속에서도 우산을 쓰지 말자. 하늘의 선물로 우리를 말끔히 씻어버리자.

나는 오늘 하늘나라의 신의 방에 전화를 걸었지만 뚜뚜 소리만 날 뿐 받지 않아서 실패했다. 전화를 한 까닭은 미리미리 내 방을 예약해서 자리를 확보하기 위함인데 신의 방은 답을 하지 않는다.
신의 방 규모는 우리가 생각하지 못할 정도로 넓고 광대할 텐데도 답은 없다.

죽어서 염라대왕에게 가서 세상사 심판을 받고 연옥에 가서 지은 죄를 속죄한다고 말한다. 그 후 탈골 쇄신을 거치면 하늘나라로 간다는 것은 인간이 만들어낸 신화가 아닐까 추정해 본다.

지옥이라는 것도 상징적인 언어이고 지옥의 불 속으로 떨어져서 온갖 시련을 겪는다는 것도 권선징악의 이론일 뿐이라고 주장하면 몰매를 맞을 것 같다.
천당(天堂)이 있다는 것은 낙관론이고, 지옥(地獄)이 있다는 것은 비관론이라고도 생각해 본다.
선과 악을 구분 짓고, 선함을 추구하기 위한 이론이며, 이것은 인간 삶에 있어 길잡이가 될 수도 있고, 묘약이 될 수도 있다는 생각도 해 본다.

죽으면 모든 것은 소멸되는 것이다. 사후의 세계를 자꾸 우리 삶에 대입시키면 우리 인생이 재미가 없다. 바른 것만을 추구하면서 살기에는 세상이 너무 복잡 미묘하기 때문이다.

세상살이에서 거짓말도 하고, 악에 빠지기도 하고, 선에 몰입되기도 하고, 그런 것은 모두 인생사의 단면일 뿐 그 이상도 이하도 아니다.

오늘도 하늘을 응시하며 이 땅에 나를 보내준 신과의 만남을 기대해 본다.

나이가 들면 들수록 하늘을 쳐다보고 생각에 잠기는 횟수가 점점 늘어난다.

얼굴에서 눈이 제일 위에 위치하는 것은 높이 보고, 멀리 보라는 신의 뜻이 담겨져 있는 것이다.

또한 이목구비가 우리 몸에서 가장 중요하기에 그 위치도 위에 설정되어 있고 그중에서도 눈은 제일 중요하기에 가장 위에 있다고 생각된다.

우리는 땅에 발을 붙이고 산다. 땅은 우리 삶의 고향이고 삶의 터전이 된다. 따라서 우리는 땅을 쳐다보고, 땅을 일구고, 작목을 하며, 그곳에서 우리가 먹어야 할 온갖 먹거리들을 다 구한다. 그래서인지 우리는 하늘을 홀대하고 산다.

제1인생(이승)의 터전이 땅이라면 제2인생(저승)의 터전은 하늘이다. 하늘을 보면 무아지경의 세계로 몰입하게 된다.

세상사를 지우개로 지우고 새로 태어나는 느낌이다. 늙어 가면서 하늘을 그리워하기에 하늘을 자주 바라보는 것인가, 아니면 하늘만큼이나 깊고 넓은 토굴 속으로 가는 것인가. 아니다. 하늘은 우주 천체의 일부를 보여줄 뿐이다. 그 규모는 아무도 증명해 내지 못하고 있다.

육신을 땅에 두고 하늘로 날아가서 영혼불멸의 삶을 산다는 것이 모든 종교의 공통된 염원이기에 하늘은 소중한 것이다.

엄대용

인하대 교육대학원 교육학 석사
전국 교사 연구대회 1등급 푸른기장 수상
안산 원곡고 외 7개교 교사 재직
부천북고, 북천북여중 교감 재직
송내고, 일동고, 부천중, 고양지도중 교장 재직

교육강국
그 길에는

초판인쇄 2019년 3월 4일
초판발행 2019년 3월 4일

지은이 엄대용
펴낸이 채종준
펴낸곳 한국학술정보㈜
주소 경기도 파주시 회동길 230(문발동)
전화 031) 908-3181(대표)
팩스 031) 908-3189
홈페이지 http://ebook.kstudy.com
전자우편 출판사업부 publish@kstudy.com
등록 제일산-115호(2000. 6. 19)

ISBN 978-89-268-8741-7 93370